日本
一日远方
ひとひ えんぽう

张维中 著

南海出版公司

一日，远方

《日本一日远方》里的"一日"指的不是一天之内的旅行，而是极度禅意的说法。一日通常念作"いちにち"(ichinichi)，但这里的"一日"却念成"ひとひ"(hitohi)，包含了三重意思：

一、某一天；

二、古语"一日中"喝着茶悠闲度日之意境；

三、新月、朔月之际，有着新开始、新出发之意。

而"远方"对我来说，是离开东京以后的日本，更是心理层面向往的远乡。其实只要跳脱出日复一日的单调生活，离开习以为常的熟悉场域，那么就算只是邻近的他城，在心的距离里，便也是一种远方。"一日"跟"远方"因此是一种"决定就在这一日离开，并且朝向目标"的生活理念。

这一日，听起来平凡，但身心状态的调整却不一定简单。毕竟多少人总希望改变现状，终究却只是原地踏步。顾忌太多，困难重重，裹足不前的窘态，谁都厌倦。然而人生苦短，还要等到什么时候？所以，给自己一次不要太近也不必太远的出发吧。

恰好的距离，小小的远方。在陌生的城镇里，来一次新的开始。从淳朴的风土民情中，找回心的初衷。

这本书里挑选的路线，就是在"一日／远方"的概念中展开的。从第一条路线开始，总共花了四五年的时间才完成，有些地方甚至去了三

次以上（比如伊势神宫）。想要旧地重游的地方那么多，还未抵达的远方已在默默呼唤。

感谢在这些旅程中，陪伴我一起走过的朋友，以及与我为善的陌生人。

远方的每一日，因为你们，回甘如茶。

啜饮记忆，忙里偷闲，明日又是新月如钩的开始。

东京．神乐坂

特别感谢
株式会社メディアポルタ（步步日本）／野原哲也、川昭浩
仙台市经济局国际经济．观光部国际推广课／阿部真之、仙台观光协会
株式会社 P-CUBE ／池田由利子、北东北三县（青森．岩手．秋田）观光推进协会、函馆市观光部、和歌山县观光交流课、三重观光国际局、九州观光推进机构、京丹后市观光协会
陈运芝、张曼娟、张维萍、于文立、江昀、于凡嫄、孙梓评、林清盛、洪雅雯、詹雅兰、小 V（Venus）、片冈宏彰、TarumiKazuhiro

目 录

东北

006 仙台
震后的精神,再起的希望!

018 岩手
来自净土的赠礼

026 秋田
完美招待,只等你来

034 青森
睡魔走过夏日的街

北海道

050 函馆
地上的星光

中部

060 新潟
夜空下,大地一片白茫

066 长野
轻井泽的欧风世界

关东

072 群马
沉浸于时间汤中

近畿·三重

080 伊势
永恒,伊势神宫

092 相差·松阪
海女的故乡

098 鸟羽
走进水族馆,感应心灵的回归

104 名张·伊贺
溪谷森林,影子传说

近畿·和歌山

110 那智胜浦
熊野古道山林之旅

122 南纪胜浦·太地
鲸豚路过温泉湾

128 汤浅
探访日本酱油发源地

134 白滨
浪漫的碧海蓝天

144 贵志·南部
跟猫咪站长说Hello!

近畿

152　京都
颠覆京都印象，京丹后

156　大阪
箕面，把美丽的红叶吃下肚

中国

160　冈山
小桥流水，仓敷美观

166　广岛
浴火重生的和平之都

172　山口
山口的时与光

176　岛根
爱情能量之地NO.1

182　鸟取
砂丘与咖喱

九州

186　宫崎
九州的小京都

196　鹿儿岛
与活火山比邻而居的默契

206　熊本
与自然相拥

214　大分
温泉氤氲的浓厚人情

226　长崎
长崎印象

236　佐贺
佐贺，不只有超级阿嬷

244　福冈
博多湾之风

离岛

252　冲绳
用冲绳美味封缄记忆

SENDAI

仙台

宫城县
仙台市

交通资讯

新干线

▶行驶路线：

① 东京→仙台
　　行驶时间1小时37分钟

② 东京→上野→大宫→仙台
　　行驶时间1小时40分钟～1小时45分钟

▶票券购买：

① JR PASS（外国游客可利用）
详细购买、价格与使用方式，请参考官方网站
http://www.japanrailpass.net/zh/zh001.html

② 仙台一日周游巴士券（るーぷる仙台）

票券售价	成人票600日元、儿童票300日元
购票地点	站前公车亭、各大酒店与巴士内均可购买
发车时间	早班车09:00发车 末班车16:00自仙台站发车
注意事项	平日每30分间隔发车 周六、日、节假日、8月全天 每20分间隔发车
详细路线	http://www.kotsu.city.sendai.jp/bus/ loople/index.html

震后的精神，
再起的希望！

"在重建之路上还有一段漫长的路，
然而，紧紧握着爱、
友谊和希望，至少此时此刻
东北人并不孤单。
因为大家陪着他们，
已经走在了路上。"

©仙台市观光局

　　震后，盛夏七月，我在日本311大地震后踏上了宫城县仙台市的土地。说出"土地"这两个字何其平凡，然而就在那场举世震慑的大地震中，这片当地人习以为常的"土地"几乎翻覆了一切，以及，许多家庭的一生。

　　仙台市，这座日本东北地区最大的城市，比起许多沿海受灾更严重的区域，或许还算是好的。但，所谓的好，也只是相较之下罢了。2011年3月11日午后，大水淹没仙台机场，飞机随波逐流；东北新干线和JR仙台站严重损毁；伊东丰雄设计的美轮美奂的仙台媒体中心，图书馆内的混乱……那记忆犹新的画面每回想一次，就猛烈地撞击着胸口。

　　如今，走在灾后的仙台街头，惊讶于这里复原的迅速，仿佛什么也没发生过。但，并不是这样。一切，确确实实曾经发生。从街上悬挂的许多鼓励自我的加油标语里，从仙台人的言谈中，我知道这座城市在那场撼动后，必然有了改变。

"庄家"的招牌海鲜盖饭

仙台厨房

SENDAI 01 仙台朝市

如何从一座城市里找寻当地人的精神呢？早晨的市场是一个选择。地震时因为宫城县生鲜水果产地受灾，导致素来有"仙台厨房"之称的仙台朝市，在物资缺乏和本身损毁中，遭到双重损害。但在仙台市民的努力下，如今市场早已恢复活力。民以食为天——市场满足着市民生活里最基本的需求，无论如何得打起精神来，也带给众人向前走的勇气。

"庄家"食堂是市场内一家代表性店家。在店门口的食券机买好食券后，交给柜台的老板娘，就可以进店内等候美味的海鲜盖饭上桌了。庄家食堂的招牌菜是只要一个硬币，500日元就能吃到的"朝市盖饭"。由于客人以市场内从事体力劳动的人为主，分量特别大，甚至还相当罕见的附有餐后水果。各种生鱼片自然是非常新鲜，入口顺滑且充满弹性——绝对是一般餐厅里吃不到的口感。

除了大啖海鲜盖饭，我特别推荐朝市里的两样东西。一样是仙台名物"仙台麸"。麸是类似面筋的食物，制作食材相同，但口感弹性不同。仙台麸的特色在于本身吸收了丰富的高汤，炖煮时会释放出来，即使不添加其他佐料也足够美味。另外一样是其他地方少见的"仙台雪菜"。跟一般雪菜不同的是仙台雪菜耐寒且储存糖分的绿叶中，后味略带一点苦味，被仙台人称为"大人的滋味"。因而有此一说，懂得欣赏仙台雪菜美味的饕客就算是厉害的宫城人了。

在朝市里逛啊逛，感受仙台的重新出发，仿佛就从这些新鲜的食物和充满活力的店家老板开始。经过某一个小摊，老板娘知道我从台湾来以后，热情地说上几句中文。"欢迎！谢谢！帅哥！美女！"双颊满是笑容，不由得被她的朝气感染。也许仙台朝市里的海鲜，在老板甜美的言语中、耳濡目染中更加美味。

仙台雪菜

仙台麸

【仙台朝市】
从 1984 年就开始的仙台朝市，被当地人昵称为"青空市场"。青空下贩卖着各种来自宫城县和各地的新鲜蔬果鱼肉，在不算太广大的腹地里，挤了近百间店铺。不仅能买回家烹调，也可以在市场内的食堂里吃到最新鲜的海产。

◉ 仙台早市（仙台朝市）
add 　宫城县仙台市青叶区
open 　08:00 ～ 18:00
close 　每周日、节假日（12月除外）
access 　JR仙台站西口步行约5分钟
web 　http://www.sendaiasaichi.com/

◉ 庄家食堂（食べ処庄家）
add 　宫城县仙台市青叶区中央4-3-1东四市场1楼
open 　08:00 ～ 17:00（售完为止）
close 　每周日、节假日
access 　JR仙台站西口步行约5分钟
web 　http://www.sendaiasaichi.com/html/meguri/omise02/omise02.html

SENDAI
02

地下森林博物馆

冰河时期的森林遗址

地下森林博物馆主要是一片展览冰河时期的森林遗址,迄今已超过两万年历史。博物馆利用特殊的方式保存并重现着冰河时期石器时代生活在这里的人们的生活。

当时的人们对这个世界一无所知。每天思考的,也许只有觅食与求生。因为无知,他们的欲望必然也比现代人少得多吧?当时的人们也许只有动物性的本能,没有伦理,也没有爱情。

我在想,在这片森林遗址上,第一段爱情,究竟是怎么发生的呢?会不会比钻木摩擦而生的第一把火更灿烂?

地下森林博物馆(地底の森ミュージアム)
add 宫城县仙台市太白区长町南4丁目3-1
open 09:00 ～ 16:45(最晚入场时间:16:15)
close 每周一、每月第四个星期四、
    新年期间(12月28日～1月4日)
access 地铁长町南站西1出口
    往西步行约5分钟
web http://www.city.sendai.jp/kyouiku/
    chiteinomori/about/index.html

① 阿部鱼板店（阿部蒲鉾店）
add　宫城县仙台市青叶区中央2-3-18
open　10:00～19:00
close　1月1日
access　地铁青叶通站1号出口
　　　　步行约6分钟
web　http://www.abekama.co.jp/

SENDAI 03

仙台竹叶烤鱼板

筋道又有层次的美味

　　仙台有许多美味小吃。最出名的是毛豆泥糕（ずんだ饼），此外，"竹叶烤鱼板"也是当地人尽皆知的美味。

　　位于仙台市区热闹的"Clis Road 商店街"上的"阿部鱼板店"，就是一家专售仙台特产"竹叶烤鱼板"的店家。以鳕鱼和其他白肉鱼为主要食材，制成竹叶形状的鱼板，经过烘烤略带焦感以后，弥漫着筋道又有层次的香味。

　　一份只要200日元，也可以在店里现场烤一根竹叶鱼板，再附上一杯茶，清心享受。不添加任何防腐剂的鱼板，冷藏后的赏味期限是一周。携带出境也没问题。

毛豆泥糕

SENDAI 04 — 仙台媒体中心

收纳媒体的架子

仙台市区内有一条定禅寺通，马路上种满了高耸的榉木，漫步其中，不知为什么，确实如同路名，给人一股十足的安定感。定禅寺通在岁暮时分，从圣诞节到新年会在树上挂满灯饰，入夜以后，就在寒冷的夜色中闪烁成一片炫目的灯海。

然而，无论是不是摇曳着灯海的时节，定禅寺通上一直有一粒耀眼如钻石的建筑——仙台媒体中心。这栋由日本建筑设计大师伊东丰雄操刀的建筑，外墙以透明的玻璃包裹着整栋建筑，白天有一种开放感，仿佛跟周围的榉木一起深呼吸，夜间从室内透出的光芒，又迷离得充满透明感。

称这幢建筑为收纳媒体的架子，指的可不是要媒体收敛摆架子的态度，"收纳媒体的架子"原来是出自于法文"mediatheque"的原意。而mediatheque，正是仙台媒体中心的外文名称，Sendai Mediatheque。在这栋充满开放感的美丽建筑中，仙台媒体中心致力于保存和搜集与媒体相关的文化资讯，让市民恣意穿梭于既亲民又深邃的艺术发源地。

伊东丰雄以十三条不规则的白色钢架支撑建筑本体，昵称为水草似的结构，让室内在视觉上挪出了更宽敞的空间；也是伊东丰雄生涯中"软建筑"的代表作。这栋建筑获得了优秀设计大奖最优奖，世界建筑东亚区最佳建筑奖，更将伊东丰雄推上了威尼斯建筑双年展的终身成就金狮奖宝座。

在这样与外在环境充满互动、令人忘记自己置身于建筑里的媒体中心，除了收纳展示厅、演讲厅、艺文咖啡馆、设计书店，还有艺廊和搜集影像资料与美术文化的艺术工作室。当然，最主要的还是占地三层楼的市民图书馆。

在夜里走进仙台媒体中心的图书馆，让我深深觉得城市拥有这样一座从里到外都如此美丽的复合式文化中心，是一件多么幸福的事情。更令人感动的是，这栋建筑的存在，并不只是装饰品而已。你可以看见进出这里

① 仙台媒体中心 (Sendai Mediatheque)
add　宫城县仙台市青叶町2-1
open　09:00～22:00
close　每月第四个星期四（馆内定期保养检测日）新年期间12月29日～1月3日（休馆日因季节而异，请参阅官方网站资料）
access　地铁仙台站泉中央方向行驶3分钟
　　　　勾当台公园站下车
　　　　公园2出口徒步约6分钟
web　http://www.smt.city.sendai.jp/

的市民们，他们的穿着打扮、神情与态度，可以感觉到仙台媒体中心不是个高不可攀的所在。就像是随意走进日本随处可见的便利商店，仿佛他们也是这样走进仙台媒体中心，只不过这间便利商店里，他们取用的是艺术与文化。

　　因为这栋建筑，仙台市不花一分一毫，自动吸引了海内外无数的媒体持续报道。一座城市的曝光，文化，才是舞台上永不隐退的明星。

仙台媒体中心内的市民图书馆

SENDAI 05

仙台牛舌与宫城美酒

流连忘返的仙台美味

仙台和烤牛舌的关系早已难舍难分。除了在仙台车站三楼的"牛舌街"能吃到烤牛舌，整个仙台市的大街小巷处处可以见到烤牛舌店。

吃烤牛舌的源起于二战后的物资缺乏，当时牛肉只有驻守日本的美军吃得起，剩下的牛内脏他们不吃，于是想吃肉的日本人灵机一动，利用牛内脏（包括牛舌），做出充满日式风味的烧烤。烤牛舌搭配维生素丰富的大麦饭和牛尾汤，竟出乎意料地受欢迎——仙台烤牛舌自此广为人知。

这次选择的店家，是位于"娱乐名挂丁"这条商店街里藏在小巷弄的"べこ政宗"（Beko Masamune）。第一次来仙台时也品尝过牛舌，不过真正品尝到烤牛舌的正宗美味与周边的仙台乡土料理，这趟旅程才算是完全体验。果然，到一个陌生的城市，还是需要当地导游才能尽兴啊！

入座后的前菜是"牛舌寿司"（トロ牛寿司）。切得薄薄的牛舌肉片，带着丰厚的油脂，简直入口即化。

主餐点了两种烤牛舌。一种是盐烧烤牛舌；另一种是味噌烤牛舌。一人份定食1570日元。多数人都会选择、也喜欢盐烧烤牛舌，不过，我偏爱味噌烤牛舌。此话一出，随行的仙台当地人阿倍先生旋即露出会心一笑。"仙台的味噌很少被人提起，

但其实非常美味。略带甜味的味噌，用来烧烤牛舌，往往要在仙台本地才吃得到。"看来我的味蕾比我的脑子还敏感，抢先当了仙台人。

不在计划之中，却意外惊喜的是仙台乡土料理"油麸烘蛋"（油麸卵とじ）和"三角油炸味噌牛舌比萨"（三角揚げ牛たん味噌ピザ）。这两种菜色都是这次来到仙台才知道的特产。"油麸烘蛋"用的就是在仙台朝市看见的油麸，佐上甜美蔬菜和烘蛋一起料理，香味厚实。

"三角油炸味噌牛舌比萨"更特别。起初真以为是比萨，入口后才发现所谓的比萨饼皮，用的是油豆腐皮，盖上牛舌碎肉、芝士、西红柿与葱花，颇具创意的组合，是味觉的新体验。一不注意，就已

经吃起了第二片。

不得不提的是餐中啜饮的日本酒。台湾的超市也卖进口的宫城县出产的日本酒，不过此地真正高级且有名的酒，却是"纯米吟酿伯乐星"和"墨廼江纯米吟酿中垂れ"。

伯乐星被JAL日本航空选作供应头等舱客人的酒，其等级可想而知。甜味之后，随即移向淡淡的刺辣感。后味清香，带着一股轻盈的姿态，适合当作餐酒。

"墨廼江"以宫城酵母制造，充满了果香，口感较为温和，不擅酒力者，推荐品尝此款。墨廼江造酒厂位于311大地震受创严重的石卷市，当时酒厂设备受到不小的破坏，作为制酒心脏的酿造酒槽也渗水了。社长曾伤心地表示："是不是能做出跟地震前相同味道的酒，我已经没有把握。"然而，终于在近一年后，酒厂再度制造出与地震前相同质量的"墨廼江"。这一口酒的美味，不仅令社长欢喜，也象征着宫城县人迈向复兴的一大步。

品酒的人，对于酒的口感和记忆恐有百般不同。此刻，宫城县人在饮下"墨廼江"之际，却有了既感伤又感激的滋味。

夜里，酒足饭饱以后，不如登上AER大楼的三十一层展望台，鸟瞰仙台一番吧。

🏠 **AER展望台（AER展望テラス）**
add　宫城县仙台市青叶区中央1丁目3-1
open　10:30～20:00
access　JR仙台站北8出口步行约3分钟
web　http://www.sendai-aer.com/

🏠 **べこ政宗名挂丁店**
add　宫城县仙台市青叶区中央1-8-32名挂丁中心2楼
open　11:30～14:00（午餐）、17:00～23:00（晚餐）
close　12月31日～1月1日
access　JR仙台站西向出口步行约5分钟
web　http://www.bekomasamune.com/

🏠 **墨廼江造酒厂**
add　宫城县石市千石町8-43
access　仙石线·石线石车站步行约5分钟
web　http://www.nipponnosake.com/kuramoto/suminoe/

墨廼江纯米吟釀中垂れ　　纯米吟釀伯乐星

SENDAI
06

面包超人博物馆

希望的象征

仙台朝市和烤牛舌美味巡礼,似乎都是大人喜欢的,孩子到了仙台又有什么值得一去的地方呢?就在市区内的"仙台面包超人博物馆",绝对会让孩子们欢天喜地到接下来你说什么,他们都愿意配合。

地震后,博物馆特别将入场门票从1500日元降到1000日元(优惠结束时间未定,详情见官网),希望借此吸引更多大人孩子来访。博物馆主要分两大区域,一个是一楼的购物中心,另一个是二楼的博物馆主体。

各式各样的面包超人展示空间,互动式的融入感,不仅孩子能玩得开心——大人心底蕴藏的童心也会被牵引出来。剧场表演有面包超人等相关卡通人物,教孩子连动带唱。这些面包超人、细菌超人等小朋友心中的"大明星",也会不定时现身馆内。

比起面包超人,我个人更偏爱细菌超人。跟超人合影,是不是有一种准备组成乐团要出道的感觉呢?

一楼有琳琅满目的纪念品商店,还有小朋友的理发厅。只要来到这里,坐上可爱的卡通椅,再不爱剪头发的小朋友,都恨不得头发每天长长吧。

馆内我最钟爱的地方是食品街和果酱爷爷面包工房。食品街里有面包超人造型的食物,比如包子、饭团和饮料,还能吃到面包超人乌冬面。最棒的还是果酱爷爷面包工房,用面包超人里的卡通人物为脸谱,烘烤出来的香喷喷面包,不仅口味多得难以选择,光是看着那么可爱的面包,都不忍心吃下去呢。

小朋友抢着跟面包超人拥抱（右），唯我独爱细菌超人（左上）；连垃圾箱都那么可爱（左下）

仙台面包超人博物馆内的果酱爷爷面包工房，还有几种只有来这里才能吃到的限定口味，比如毛豆泥面包。另外，还可以多花900日元买个午餐套盒，把搜刮来的种类都装走。

面包超人诉说着爱、友谊和希望的主题。在这个充满欢乐的园地里，虽然知道仙台以外的东北沿海地区，在震后重建之路上还有一段漫长的路，但紧紧握着爱、友谊和希望，至少此时此刻他们并不孤单。

ⓘ 仙台面包超人博物馆
（仙台アンパンマンこどもミュージアム＆モール）
add 宫城县仙台市宫城野区铁炮町145
open 10:00～18:00（博物馆）
10:00～19:00（购物中心）
最后入场时间：17:00（博物馆）
close 1月1日
（含馆内改装、定期保养检测等临时公休情况）
ticket 1000日元
access JR仙台站东口步行约9分钟
web http://www.sendai-anpanman.jp/

IWATE

岩手

岩手县

交通资讯
东北新干线
▶ 行驶路线：
东京→盛冈
行驶时间2小时20分钟
▶ 票券购买：
JR车站

来自净土的赠礼

"人会想帮助其他人，
纯粹是如得其情的感受，
绝对不是为了冀求感谢或回礼。
就在凉风吹拂而来的刹那，
我仿佛感受到了
岩手县的回礼。"

　踏入岩手县，原以为跟这个地方没有太多关系的我，赫然发现无论过去或现在，自己的生活跟岩手早已有着或多或少的牵连。比如在超市里，总是喜欢喝的小岩井农场咖啡牛奶，还有早晨烤土司时习惯涂抹的小岩井农场奶油——原来，农场所在地就是岩手。另外，松尾芭蕉著名的《奥之细道》，印象最深的一段路也在岩手县的平泉中尊寺内，更别说常在旅游节目里看到的花卷温泉了。夏日的岩手，历史古迹、农场与山间的温泉乡，在回忆里留下了一片亲近大自然的，绿油油的净土印象。

IWATE
01

世界遗产中尊寺

诗人小径寺中藏

一千多年前的平安时代，岩手县的平泉这一带，曾是日本东北地区规模最大的城市。奥州藤原氏在 12 世纪打造的平泉文化，留下了许多珍贵的资产，2011 年 6 月正式登录为世界文化遗产。"平泉"这个词意指"佛界里的净土"。平泉当年受到了中国文化的影响，从留存下来的建筑群里可窥见其轨迹。

来到平泉，无论如何都要拜访的地方就是中尊寺。为了纪念和超度 11 世纪后半叶、在两场惨烈战役中伤亡的人们，藤原世家的清衡公决定兴建象征和平的中尊寺。

金碧辉煌的中尊寺，象征了平泉世代的精华。从建筑形式到收藏的近 3000 件国宝和重要文物，吸收着千百年前的繁华喧嚣，对照今日静谧的杉树山林，仿佛封缄着一则则繁华落尽前、风起云涌的故事。

松尾芭蕉像

中尊寺本堂里供奉的烛火，昵称为"不灭的法灯"。据称是 1200 年前从京都比叡山延历寺而来的分火，千百年传承下来，从未熄灭。寺内的"赞衡藏"宝物馆收藏了藤原时代流传下来的文物，而"经藏"则是当年为了收藏"中尊寺经"典籍而建造的。最重要的国宝据点就是"金色堂"了，在 1124 年建造之初，使用了大量的金箔，从外观到内部装饰、陈列的佛像等，都散发出金光闪闪的尊贵感，是 12 世纪对佛教西方净土的想象和致意。1950 年前后整修时，用了近 7500 克的金箔才重贴完成。

为什么中尊寺如此金碧辉煌呢？当年的岩手平泉是个盛产黄金的地

屋中之屋，金色堂

方，以至于《马可波罗游记》中曾经提到，来到东方时，发现日本是个遍地黄金的地方。马可波罗来到的地方，或许就是平泉。不过现在的金色堂，为了保护国宝，在建筑外面又盖了一栋屋子保护，所以外观看到的并非金色堂本尊。真正的金色堂，是屋中之屋。

中尊寺境内有一尊松尾芭蕉像，这里就是日本著名俳句诗人松尾芭蕉的"奥之细道"的一部分。奥之细道是知名的东北历史古道，1689年，松尾芭蕉从江户出发，用了5个月，将两千多公里路程中的所见所闻，撰写成书并留下吟咏的俳句。

日本导游在细道的松尾芭蕉像前翻开了诗人在此写下的俳句："夏天草凄凉，功名昨日古战场。一枕梦黄粱。"这首俳句其实是受杜甫的影响，原来的诗句就是我们熟悉的"国破山河在，城春草木深"。

我站在平泉的奥之细道上，想象不同背景和阶级的人伫立此处时，眼里看见的世界究竟是什么模样？可以想见的是，站在不同的位置，看见的风景终究也就不同。是满足吗？或者是感叹？

从一条细路上，历史和人的定位可能岔出意想不到的方向。

❋ **中尊寺**
add　岩手县西磐井郡平泉町平泉衣关202
open　8:30～17:00（3月1日～11月3日）
　　　8:30～16:30（11月4日～2月底）
　　　最后10分钟前停止售票
close　无
access　东北新干线：盛冈→平泉
　　　最快1小时27分钟可抵达
web　http://www.chusonji.or.jp

寺内贩卖的美肌御守和无病御守

奥之细道一景

IWATE 02

江刺藤原之乡

东北好莱坞

岩手县奥州市的"江刺藤原之乡"历史公园，考证了时代背景后，重现了千年前藤原家族的贵族宫殿风貌。这里除了参观，还提供体验活动，比如穿着平安时代的服饰拍照，看看自己变成古人是什么样子。先不说适不适合，那衣服看起来很美，其实非常重，又不太透气。古人真不是好当的。

虽然不是古迹，但因为很考究，很多日本古装剧皆在此取景。比如NHK多出大河剧，《天地人》、《龙马传》、《平清盛》，电影《阴阳师》等，都借景改造后在此地拍摄，可以说是日本东北地区的好莱坞。

艳丽的红柱围墙

❀ 巷江刺藤原之乡（えさし藤原の郷）
add　岩手县奥州市江刺区
　　　岩谷堂字小名丸86-1
open　9:00～17:00
　　　（11月～2月至16:00）
　　　最后入场为闭园前1小时
close　无
access　东北新干线：东京→水泽江
　　　最快2小时28分钟可抵达
web　http://www.fujiwaranosato.com/

【藤原氏】
日本贵族姓氏，从飞鸟时代（约7世纪）开始存在。平安时代（794年～1192年）以前，藤原氏的族人均以本姓藤原称呼，直到镰仓时代（1185年～1333年）才逐渐改变。

IWATE
03

花卷温泉

美肌好水

岩手县著名的花卷温泉，是优良温泉水质的代表。温泉触感滑顺，据说有美肌的功效。这里有三家合作的大酒店，分别是千秋阁、花卷酒店和红叶馆。无论你投宿哪一家，都可以共享温泉。2011年整修完工的花卷酒店温泉池，设备最新，露天浴池着重在桧木设施；我这次住的红叶馆里的露天浴池，则是强调石块造景。泡了两家，觉得各有特色，都很喜欢。

晚餐跟早餐都是在餐厅吃无限取用的自助餐，从日本料理、西餐到中国菜一应俱全。七十多种料理，包括螃蟹等高级食材任你吃，甜美的当季水果和自制的甜点也不容错过。吃饱

传统技艺演出

了、喝足了，到大厅的土产店逛逛，买些当地特产吧，也可以到大厅欣赏饭店每晚8点半举办的传统技艺演出。睡前，再到温泉池里泡泡汤！缓解身心疲劳，保证一夜好眠。红叶馆附近有一座玫瑰园，很适合一早起来散步。这里占地约5000坪（1坪约为3.3平方米），拥有450种、共6000株玫瑰。每年6月中旬到7月中旬，9月中旬到10月中旬的盛开季会举办玫瑰节。这座玫瑰园最特别的是被称为"南斜花坛"的区域，最初是由作家宫泽贤治设计，1958年完工，1960年正式开园。如今，宫泽贤治设计的花坛里设置了他的纪念碑，另外，他设计的日晷仪花坛也在园内。

作家宫泽贤治设计的时钟花坛

【宫泽贤治（1896年8月27日～1933年9月21日）】
诗人、童话作家，日本岩手县人。毕业于盛冈高等农林学校，对于种植花草颇有心得与研究，代表作《银河铁道之夜》。

❀ **花卷温泉**
add　岩手县花卷市汤本
web　http://www.hanamakionsen.co.jp/

❀ **红叶馆**
web　http://www.hanamakionsen.co.jp/koyokan/

❀ **玫瑰园（バラ園）**
web　http://www.hanamakionsen.co.jp/rose/

access　JR新花卷站→出租车（酒店接驳车）

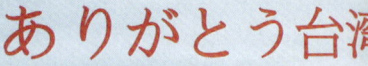

IWATE 04 — 小岩井农场

这里的牛奶真的不一样!

一来到小岩井农场的大门前,我就被售票口旁的标语吸引住了:"谢谢台湾!"原来在3.11大地震后,台湾募集的救援金让岩手县走上了重建的第一步。过去,就有不少游客拜访小岩井农场,经过这次地震,让岩手和台湾联系更加紧密。

负责导览的田山茂先生热情地迎接了我,从他介绍农场的神情和口吻中可以感觉到他是真的很有爱心——对这座农场,对远道而来的客人。

原本是一片不毛之地的荒野,西风过强,湿地土质呈酸性,自然条件欠佳,不适合耕种。后来经过土壤改造,种植人造林,才呈现出眼前这片绿意盎然的景致。听着小岩井的故事,踏进沁凉的森林时,真的很难想象,这里竟是通过人工而让大地重归的自然景色。

参观小岩井农场的路线和方式很多,最基本的3条徒步行程为:小岩井农场自然散步(约60分钟,免费)、小岩井农场健行(约120分钟,费用:成人700日元)、小岩井农场自然漫步(约120分钟,费用:成人700日元)。不过,当天我非常幸运,尝试了农场首次对外开放的"农务车之旅"。工作人员开着农务用的机动车,载着我深入森林,进入过去未开放的原始园。

来小岩井农场,绝对要喝一罐农场鲜奶。日本鲜奶已经够好喝了,但这款小岩井"低温杀菌牛奶"是外面喝不到的滋味。口感醇厚,香

【小岩井命名】
小岩井农场创立于1891年,"小岩井"这个名字,原来是由三位创办人名字当中各取一字组成的。他们分别是小野义真、岩崎弥之助和井上胜。1899年以后,主要由岩崎久弥接手经营。

甜滑顺,确实是我来到日本后喝过最好喝的一罐鲜奶!另外,我特别推荐牛奶霜淇淋、芝士蛋糕和加了农场牛奶的小岩井饼干。

离开小岩井农场,岩手之旅也将告一段落。我的脑海中仍浮现着刚才在农场里的景象。搭乘农务车,在高耸的绿林间穿梭,看见阳光撒在土地上,迤逦出一条恍若为了迎接我们而铺成的绿地毯。

我忽然想,人,会想帮助其他人,纯粹是如得其情的感受,绝对不是为了冀求感谢或回礼。然而,就在凉风吹拂而来的刹那,我仿佛感受到了岩手县的回礼。那是一份灾区复建,重新展现大自然净土的美好的赠礼。

抬头看着阳光,我在记忆的抽屉里,珍重地收下。

特别推荐!牛奶霜淇淋

超好喝!低温杀菌牛奶

❋ **小岩井农场(小岩井农场まきば园)**
add　岩手县岩手郡雫石町丸谷地36番地1
open　9:00～17:30 (4/19～9/30)
　　　9:00～17:00 (10/1～11/4)
　　　11/5～4/17 (9:00～16:50)
close　原则上一年只休一天,详细日期请查看官网
access　路线巴士:盛冈站前,转乘10号巴士
　　　往"小岩井农场まきば园"或"网张温泉"方向
　　　约35分钟可抵达
web　http://www.koiwai.co.jp/index.html

北
东北

AKITA
秋田

秋田县

交通资讯
东北新干线
▶ 行驶路线：
东京→秋田
行驶时间4小时30分钟
▶ 票券购买：
JR车站

完美招待，
只等你来

"秋田人说，
想吃到真正完美的秋田料理
只能来秋田。
秋田有最好的东西，
外面买不到，
但愿意等着你们来品尝。"

从未到过秋田的人来到当地后经常会惊艳，原来秋田的东西这么好吃！可是为什么在外地卖的秋田物产，却没那么美味呢？问题一抛出，秋田人才会暗暗笑起来，娓娓道来他们性格里藏着的小秘密。秋田人常自嘲，他们有一种挺奇怪的性格。那就是当日本各地都希望把农产品外销到其他县市时，他们却常常抱着无可无不可的态度。乍听之下，秋田似乎是个对观光营销很消极的地方，对于家乡物产没什么信心似的。然而，进一步深入当地风土民情以后才逐渐了解，原来，恰恰相反。

> AKITA
> 01
> 田泽湖

青春的启示

秋田人并非对自家物产没有信心，相反，他们觉得自家产的东西才是最好的。而可爱的秋田人不愿太积极地做物产外销，居然是担心从米饭到酒，种种的秋田乡土美味，如果一股脑儿把最好的都往外卖了，那他们岂不是只能吃剩下的次级品吗？如果为了观光宣传而委屈了自己，秋田人可不愿意。

因此，从未到过秋田的人来到当地后经常会惊艳，原来秋田的东西这么好吃！可为什么在外地卖的秋田物产，却没那么美味呢？问题一抛出，秋田人才会暗暗笑起来，娓娓道来他们性格里藏着的小秘密。

秋田有一处水深 423.4 米、周长二十多公里、号称日本最深的湖

"田泽湖"。清澈恍若琉璃色泽的湖水，在不同的角度与季节，会转换出迥然不同的视野。

湖水畔有一尊金色雕像，名为辰子公主。传说是从前有个叫作辰子的美女，因为期盼青春永驻，不断到观音面前许愿。最后，她终于得到神灵的启示，告诉她，只要喝下北方之泉就能实现愿望。于是辰子来到泉水之处，怎料喝了几口以后却愈喝愈渴，无法停止，喝到整个人都进了泉水里，转瞬间，居然变成了一条巨龙。最后，辰子只好藏于湖底不敢见人，成了这片湖的主人。

青春，果然是带着令人难以抵抗的杀伤力。注视辰子的雕像，目光缓缓移向她身后美丽的风光，我在想，始终伫立在此地的她，终于是青春不老了。然而，看着周围四季流转，年复一年的凋谢、死亡和新生，辰子是否终于明白，永恒的青春，原来是一件多么寂寞的事？她漠然的表情，不语。那些心事，也许在田泽湖上，只有云知道。

▶ 田泽湖
add 秋田县仙北市田泽湖
access JR田泽湖车站下车后
搭乘巴士约15分钟
web http://www.tazawako.org

羽后交通巴士时刻表
http://ugokotsu.co.jp/ug/
rosen/jikoku/da04.pdf

田泽湖湖边小屋

AKITA
02

田泽湖共荣 Palace

▸ 田泽湖共荣Palace（田沢湖共栄パレス）
add　秋田县仙北市田泽湖田沢春山148
open　8:00～17:00（4月1日～11月30日）
　　　9:00～16:00（12月1日～3月31日）
access　JR田泽湖站前，搭乘"田泽湖一周线"巴士
　　　在田泽湖畔下车
web　http://www.kyoeipalace.com

一览秋田名物

在田泽湖畔，有一处名为"田泽湖共荣Palace"的餐厅物产馆，这里是来到田泽湖观光时，顶好的用餐休憩处。

我在这里的午餐，吃的是秋田县著名的"稻庭乌冬面"。跟印象中一般的乌冬面不同的是，稻庭乌冬面的面条是扁平的，咀嚼不费力气，容易吞咽。酱油味的汤汁清淡，搭配的食材也简单，相当爽口。这样一份附有天妇罗（炸虾炸蔬菜）的套餐1260日元。

在田泽湖共荣Palace的后院，还能见到秋田县的精神代表"秋田犬"。秋田犬的原产地正是秋田县。如果你对狗狗的品种并不熟悉，喜欢日本的你也一定知道在涩谷车站前，有个集合的热门地点，流传着人们津津乐道的故事吧？"忠犬八公"就是秋田犬。如今秋田犬甚至被日本政府指定为"天然纪念物"呢。

除了秋田犬，还能看到"秋田三鸡"，分别是比内鸡、声良鸡和金八鸡。这三个品种，也被指定为天然纪念物。常有人误会，以为在餐厅吃到了肉质鲜美的比内鸡，其实那不是比内鸡，而是"比内地鸡"。真正的比内鸡原生种为了保育，是禁止食用的，只有比内地鸡可以食用。多了一个"地"字就不同了，差别在于比内地鸡是由雄比内鸡跟雌家鸡交配出来的下一代，才是可食用的鸡种。

天妇罗套餐和稻庭乌冬面

AKITA 03 — 田泽湖车站

原木风味的车站

离开了田泽湖，途中在贩卖各式蜂蜜制品（蜂蜜蛋糕、蜂蜜布丁）的"森林蜂蜜之屋"小憩之后，便往田泽湖车站的方向出发。

田泽湖车站是1997年，秋田新干线开通时建造的车站。车站建筑体的外墙以玻璃帷幕打造，屋顶则使用原木风味的木材，是一栋实际上非木造，但外观看起来又大规模使用木材的建筑。

负责设计的坂茂建筑设计与JR东日本建筑设计事务所，在设计初期接到的要求是希望打造出一栋有"秋田风味"的车站，尽可能使用木材。但因为JR公司表示新干线车站不能只用木材建造，故最后诞生了这栋融合了钢骨、玻璃与木材的车站。

这栋在当时颇为新颖的建筑，一出现立刻获得1998年日本"GOOD DESIGN"大赏，也被指定为东北地区"车站百选"之一。

田泽湖是韩剧《IRIS》的拍摄地，故在车站二楼设置了《IRIS》的纪念馆，展示着剧组和演员拍摄时使用的道具、剧本以及相关影音资料。

▶ **田泽湖车站**
add　秋田县仙北市田泽湖生保内字男坂68

▶ **IRIS博物馆**
add　秋田县仙北市田泽湖生保内字男坂68　2F
open　9:30～16:00
close　无
access　JR秋田站2楼
web　http://www.irismuseum.com/intro.php

《IRIS》剧照印在阶梯上

AKITA
04
雪屋之乡

秋天乡土料理

留宿秋田的这一夜,晚餐和当地观光部门的日本朋友一起到市区的秋田居酒屋,品尝地道的秋田料理。

到访的"雪屋之乡"居酒屋,不仅料理是采用秋田当地食材烹饪的美味,更有趣的是店家内部也打造出极具秋田特色的"雪屋"。所谓的雪屋就是利用积雪挖出来的小屋子,是冬季秋田郊外常见到的风景。当然,在"雪屋之乡"里的雪屋只是装饰,虽然不是真的雪,但与朋友们在这样可爱的小包厢里大快朵颐,畅谈一晚,也够尽兴。

每晚7点半,店里还会安排特别表演。两个扮演"生鬼"(なまは

雪屋之乡内部

新鲜蔬菜与鸡肉料理

げ）的演员在惊悚的音效下现身，进入每个雪屋包厢作势要把客人抓起来。极具戏剧张力的效果，为异地晚宴增添了几分余兴节目的趣味。

品味着美食，饮用着秋田当地的朋友带来的美味发泡清酒，聊着日本旅行的美好记忆，然后，便提起了秋田人原来不太积极做物产外销的话题。

"那么好的东西，我们自己都不够吃呢！要是为了观光宣传，把最好的东西往外送，而委屈了自己，我们可不愿意。"秋田的朋友笑着说。

他们说，就算是东京超市里卖的那些标着"秋田出产"的米啊、酒啊等食物，也比不上真正在秋田能吃到的原味。"所以，如果想吃到真正完美的秋田料理，只能来秋田。我们有最好的东西，外面买不到，但愿意等着你们来品尝。"

完美招待，只等你来。这是秋田人的自信，也是秋田人的好客之道。

秋田生鬼

店员正用榔头敲碎雪屋

以秋田乡土料理专门店自居，约 4500 日元的"雪屋套餐"可以品尝到 9 种料理；约 3500 日元则有 7 种料理。另外加 1200 日元则可享受饮料畅饮。其中有一种料理，是用盐巴做成"雪屋"的造型，吃的时候由服务生将"雪屋"敲碎，藏在其中的是秋田地道的烧烤鸡肉。

▶ **雪屋之乡**（かまくらの郷）

add	秋田县秋田市中通 4 丁目 13-1
open	17:00 ～ 24:00
close	周日
access	秋田站徒步 2 分钟
web	http://www.fish-japan.co.jp/kamakura.html

AOMORI
青森

青森县

交通资讯
① 东北新干线
▶ 行驶路线：
东京→新青森
行驶时间3小时10分钟

② JR特急白鸟号
▶ 行驶路线：
新青森→青森
行驶时间6分钟

▶ 票券购买：
JR车站

睡魔走过夏日的街

"冲吧！
一切的一切。
我听见车厢里传来
孩子们津轻弁的口音，
仿佛散发着苹果的滋味。"

提起青森，怎能不想到苹果？总觉得一个地方能以一种水果的形象被大家记忆，是一件很甜美的事情。仿佛让生长在这里的人，也跟着健康自然起来。即使放下了苹果，青森仍有许多值得前往并留在回忆里的美好去处。例如搭乘"五能线"海景列车探访自然景观令人赞叹的十二湖"青池"；或到专卖生鲜的"古川市场"大啖海鲜盖饭；又或者来一趟夏日祭典文化之旅，跟着睡魔（ねぶた）一起逍遥逛大街。

AOMORI 01

雪迎弘前

吉井酒炼造瓦仓库
add 青森县弘前市吉野町2-1
access 搭乘弘南铁道大鳄线，徒步约3分钟至中央弘前站
* "A to Z Memorial Dog"位于仓库前广场公园户外。仓库本身不对外开放。

A to Z Memorial Dog

来青森旅行之前，一直把旅行的重头戏放在青森市，对于青森县的另一座城市弘前，老实说，没有过多的期待与想象。不过，就当我踏进距离并不远的弘前市时，给了我一股意外的惊喜。

起初，来到弘前的最大原因，是奈良美智。奈良美智在青森常设的两只巨型狗雕塑，一只在青森县立美术馆，另一只就在弘前市内。这只狗伫立在吉井酒炼造瓦仓库前的公园内，很温驯的表情。仿佛也是那么老实，即便是大雪纷飞的冬天，也静静地等着所有远道而来的旅人。似乎懂得传递什么幸福的讯息似的，生怕哪一天休息了，就会错失任何的可能。

狗狗名叫"A to Z Memorial Dog"，跟青森县立美术馆的"青森犬"设计不同。这只狗是全身造型、表情跟动作看起来开朗一点。去看它的时候正飘着雪，整个公园都好安静，只有雪默默落在它身上，化成水滴，或者掠过它的身体，堆积在它脚边。

一年365天都伫立在室外的狗狗，为所有远道而来看它的旅人们带来了幸福感。那么它自己是否也幸福呢？我走在狗狗的肚子下绕啊绕，觉得它好像要说什么，当然，其实什么也没说。听见的，只有自己的心底，岁月悄悄走过的足音。

【奈良美智】
青森县弘前市人。青森县立弘前高中毕业，从武藏野美术大学退学后，转至爱知县立艺术大学就读。1987年到德国留学，90年代赴美，曾于加州大学洛杉矶分校担任客座教授。著名作品多以大眼娃娃和小狗为主题。

AOMORI 02 ——青森县立美术馆

奈良美智坐镇

奈良美智的作品"青森犬"坐镇，早已成为美术馆的象征。奈良美智出生于青森，因此馆方特地邀请他为美术馆打造一尊高达8.5米的雕塑犬，也是奈良美智的代表作品之一。新干线通车到新青森站的平面广告之一，就是有这只青森犬的宣传海报。

很多人都是因为奈良美智而特地前往青森。现在除了苹果，对艺术发烧友来说，青森终于也有了新的形象。此外，馆内也收藏包括奈良美智在内的青森艺术家的作品。

从青森站前搭乘公交车，约40分钟可抵达美术馆。因为担心休馆，我们乘了出租车。出租车开到美术馆的庭园外，就因为积雪驶不进去了。我们下车，从大门走向美术馆。冬天来到青森，正逢雪季，步道是刻意铲出来的。从两旁高达十几厘米的积雪来看，不难想象，在我来以前，这里下了多少疯狂的大雪。

2006年开放的青森县立美术馆，纯白色系的建筑设计，出自日本建筑设计师青木淳之手，低调却醒目。昏暮以后，白色的外墙会亮起蓝色的光芒，在一片皑皑白雪中，冰凉的空气里，梦幻中显得凄美，却也有几丝寂寞。离开时我一直在想，那只青森犬，会不会也想有人陪？

青森县立美术馆
add　青森县青森市安田字近野185
open　10月1日～5月31日9:30～17:00（最后进场时间16:30）
　　　6月1日～9月30日9:00～18:00（最后进场时间17:30）
close　每月第二、第四周的周一（逢假日顺延翌日）
　　　12月27日～12月31日
access　从新青森站南口巴士站搭巴士
　　　至县立美术馆前站下车，约10分钟
web　http://www.aomori-museum.jp

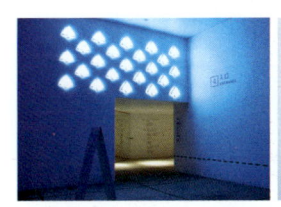
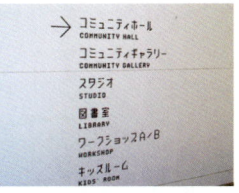

AOMORI
03
——旧弘前市立图书馆

怀旧的异国风情

弘前市区内的建筑都很美,有不少美丽又充满怀旧感的"洋馆",让街道溢满浪漫的异国气息。所谓的洋馆,就是百余年前日本开埠给西方人经商时建造并遗留下来的建筑。如今这些建筑物都被保留下来作为参观或文物展示之用,或仍继续担负着教会布道的角色。

其中比较吸引我的是"旧弘前市立图书馆"这栋由堀江佐吉设计的八角形双塔建筑。过去是图书馆,如今室内仍流淌着浓郁的书卷味。同一区域里,还有"旧东奥义塾外人教师馆",是当年青森县的第一所私立学校。除了保留往昔的室内摆设及相关的文物展示,一楼还开设了咖啡馆。

正对旧弘前市立图书馆的,便是弘前市立观光馆与弘前市立乡土馆,正展览着太宰治诞辰百年纪念展。虽然已经到了休馆时间,阿姨大概感受到我们无论如何都不想错过的诚意,仍好心让我们进去,连门票都没有收。

离开时,已快入夜,抬头看见天空墨成一片诡谲的蓝色,数不清的乌鸦突然间盘旋在天,像是要把天空给吃掉似的,很是惊恐。像是控诉着什么,在褪色的斜阳,夜雪尚未落下之前。

旧弘前市立图书馆
（舊弘前市立図書館）
add 青森县弘前市大字下白银町2-1
open 9:00～17:00
close 12月29日～1月3日
access JR弘前站徒步约30分钟
可搭乘弘南巴士"驹越线"或
"茂森新町线"到市役所前站下车
徒步1分钟
web http://www.city.hirosaki.aomori.jp/
gaiyo/shisetsu/page/21.html

图书馆内部

旧弘前市立图书馆

AOMORI 04 — 五能线海景列车

夏日推荐行程

倘若是夏天到青森，建议从秋田车站沿着五能线，搭乘JR白神号观光列车（リゾートしらかみ）进入青森县。这一段铁道的列车是沿着日本海走，可以看见窗外的美丽景致。从东能代到鯵泽站之间能见到海景，从鯵泽站至五所川原站之间是山景，从五所川原站至川部站则是奔驰在苹果果园中。风景各异，多有特色。

白神号观光列车依照车厢编成的不同，分成青池号、くまげら号和ブナ号三种。这一天，我们搭乘的是"青池号"列车。从外到内，整节列车都相当新颖，座位也十分宽敞舒适。我们的目的地是五能线上的"十二湖站"，不过途中值得一提的是"能代站"。

列车一停靠能代站，就见到电车里的许多人立刻冲出车厢往月台上跑。怎么回事呢？原来，能代站昵称为"篮球之街"，在月台上设立了一个篮框。凡是在列车停靠时到月台上投球进篮者，就能获得纪念章。所以，知道原委的人才迫不及待冲向月台，利用短暂的列车停靠时间排队等待投球。

为何此地会成为"篮球之街"？这里的能代工业高等学校，在每年举办的篮球全国大会上，曾赢得50次的获胜纪录，故赢得美誉。

能代站月台上的篮筐

🏠 **五能线白神号青池Hybrid观光列车**
（リゾートしらかみ青池ハイブリッド）

web　http://www.jreast.co.jp/
akita/gonosen/train/index.html

白神山地 十二湖

AOMORI 05

如梦如幻的青池

横跨秋田县和青森县的白神山地,是登录于世界遗产下的自然景观。整个白神山地的占地面积相当大,且不是所有地方都开放。在观光客可以进入的地区中,最具人气的当属"十二湖"区域。要走完整个十二湖散步路线,恐怕需要好几个小时。如果时间不多,一定不能错过包含"青池"在内的黄金路线,走完约 1 小时。

青池真是久仰大名,终于来到池前时,才能体会看过一次就不可能忘记的感受。因为日照和湖底折射的日光,让被绿叶包裹的池水呈现出青翠湛蓝且带着透明感的色泽,十分梦幻。

山毛榉自然林是一片占地广大的森林,一条连接着湖水的散步

十二湖庵茶屋
现泡抹茶
及特制茶点

十二湖庵旁饮用泉水处

休憩用餐区

🏠 **白神山地十二湖**
web　　http://www.shirakami-jyuniko.jp

🏠 **十二湖散步导游**
cost　　青池散步路线，每人500日元
　　　　青池与沸湖之池散步路线，每人1000日元
access　在奥十二湖停车场巴士站下车
　　　　向当地等候的导游直接报名
web　　http://www.shirakami-jyuniko.jp

　　道，特色是沿路的高山植物与稀有的野鸟啼叫。抵达的"沸湖之池"则是一处类似青池的地方，涌出的白神山地泉水向下游流去，经过"十二湖庵"茶屋成为泡制抹茶的饮用山泉。质朴山泉泡出来的抹茶，搭配特制茶点，在茶屋里小憩一番，才惊觉一小时的散步路线已然结束。美景印象仍留在脑海中，竟一点也不觉得爬山的疲惫。

　　十二湖庵旁设置了饮用泉水的地方，记得一定要舀几瓢水来喝。被选为"平成名水百选"的泉水，带着沁凉纯净的口感，是外面喝不到的美味。我和伙伴忍不住把水壶都装满了，一整天都带着白神山地的泉水喝，也算是将身体彻底融入了青森的大自然。

【十二湖黄金路线】
出发点：森之物产馆（森の物产展キヨロロ）/500m→青池/100m→山毛榉自然林（ブナ自然林）/500m→沸湖之池/250m→十二湖庵（茶屋）/450m→森之物产馆

AOMORI
06

WeSpa 椿山

把大自然吃进肚子里

在白神山地中有一处名为"WeSpa 椿山"的度假村,离开十二湖后的这天中午,我们来到这里用午餐。吃的也是青森县自豪的海鲜料理。美食下肚以后,来到一旁的物产馆,看见胡萝卜冰淇淋,十分好奇。一问之下,才知道原来这一带气候寒冷,因而盛产甜美的胡萝卜,成为特产。

物产馆旁有登山缆车,单程约8分钟,可坐到风车之丘"白神展望台"上鸟瞰风景。一面是山,一面望海,令人印象深刻的辽阔美景。

风车之丘白神展望台外观

青森出产海鲜料理

胡萝卜冰淇淋

🏔 WeSpa 椿山
web　　http://www.wespa.jp

🏔 登山缆车（スロープカー）
web　　http://www.wespa.jp/suro-pu.html

🏔 十二湖路线巴士
web　　http://www.wespa.jp/suro-pu.html

千叠敷岩岸立碑注记文学家太宰治曾到此一游

成串的风干花枝（乌贼）

AOMORI 07

一千叠敷岩岸・森林中的果树园

一整个夏天如一部日剧

途经"千叠敷"岩岸海岸线，一片片像铺着千百叠榻榻米的特殊地形，是数百年以前因地震造成的。海床隆起的地势，经年累月受到海水冲刷侵蚀，形成各式各样的特殊形状。也因为弘前城藩主曾为了欣赏美景，在此地铺设了近千张的敷布，故得名千叠敷。青森出身的日本文学大家太宰治，曾到此观赏景色，小说《津轻》里也提到过此地。现在，在沿岸河堤上，还立有太宰治的文学纪念碑。

在海岸上的海鲜小屋，有不少店家都在门前卖起现烤花枝。买几串烤花枝尝尝吧！远眺碧海蓝天，品尝着青森小吃，阳光刺眼但不炙热，感觉一整个夏天都像日剧一样，在自己面前上演。

"森林中的果树园"是一处人工果园。在青森，许多果园都以采收苹果为主，唯有森林中的果树园反其道而行，栽培其他水果，让游客多一项选择。七月来访之际，果园里多是樱桃，并残留着少量草莓，还能见到薰衣草。向往体验果园采收的旅人们，或许也可以将此地列入青森旅程的计划之中。

森林中的果树园（森の中の果樹園）
add　青森县弘前市大字十面泽字誉426
open　9:00～17:00
close　4月下旬～10月底无公休
　　　其他时段公休日请参照官网
access　弘前市内乘出租车约30分钟抵达
　　　（无大众交通工具）
web　http://www.morikaju.jp

太宰治斜阳馆

AOMORI 08

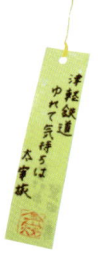

大宅里尘封的哀愁

第二天一大早离开酒店后，驱车前往金木站，准备搭乘"津轻铁道"电车前往下一站：津轻五所川原站。"津轻铁道"是一条从津轻五所川原站到津轻中里的支线，奔驰在津轻平原上，沿途都是恬静的自然风光，是日本少有且人气极高的地方支线。津轻铁道上有两个重要的站，一个是津轻五所川原站，另一个就是金木站。

出身青森县的作家太宰治的纪念馆"斜阳馆"就在金木站附近。上回来青森就想一访，可惜时间分配不开再加上有点远，最后只好放弃。

斜阳馆是一栋两层楼的木造房子。内部一楼有 11 个房间，二楼有 8 个房间，加上山水庭园的腹地，总共占地 2244 平方米，无论当时或现在看来，都是豪宅。太宰治从出生到读中学，一直住在这里。1950 年斜阳馆抛售后变成旅馆，直到 1996 年才由金木町政府收购，1998 年改为太宰治纪念馆，并在 2004 年成为日本国家重要文物。

在斜阳馆的玄关，我回想着太宰治《人间失格》里的描述与场面，以及作家成年后的种种遭遇和变化。都说人的一生受到孩童时代的影响最深，那么这栋大宅里肯定也收纳了许多太宰治当年的心事吧。

建筑不语，人去楼空，只剩下文字流传下来那些青春与哀愁。

从金木站搭津轻铁道，青空下耀眼的橘色列车以太宰治的作品《走れ！メロス》(《奔跑吧！梅勒斯》) 命名。这一天，恰好临近七夕，故有特别期间限定的"七夕列车云汉号"营运。车厢里布置了许多当地

学生制作的星河装饰与祈福短笺树，连列车里的服务小姐也穿上了七夕节的浴衣，充满夏日庆典的气氛。这样的传统已经在津轻平原上奔驰了40年。冬天下雪时分，列车则变身为内部有火炉取暖的车厢，还会贩卖传统热食。

在列车里，我也写下了七夕祈福的短笺。非关爱情，而是美景的感动，以及对于地震后重建的祝福。奔跑吧！一切的一切。挂上短笺，听见车厢里传来孩子们津轻弁的口音，仿佛散发出苹果的滋味。

【太宰治】
日本小说家。一生传奇，作品风格被称为"新戏作派"与"无赖派"。曾出版《斜阳》、《轻津》、《奔跑吧！梅勒斯》、《人间失格》等作品，《人间失格》被日本誉为青春文学代表作之一。1948年在玉川上水投水自杀身亡。

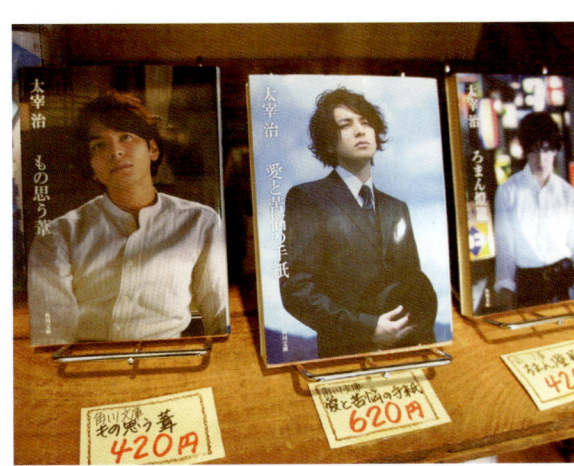

太宰治著作贩卖区

斜阳馆
add　青森县五所川原市金木町朝日山412-1
open　8:30～18:00（夏季）
　　　9:00～17:00（冬季）
close　12月29日
access　津轻铁道金木站下车徒步1分钟
web　http://www.city.goshogawara.lg.jp/
　　　16_kanko/dazai/syayoukan.html

AOMORI 09
睡魔走过青森夏日的街

睡魔游街的夏日祭典

五所川原市每年在8月初会举办"睡魔"游街的夏日祭典。这项在青森各地都会举办的夏日活动，已经流传了百余年。所谓的睡魔（ねぶた）是用和纸手工糊成的巨大花灯，但五所川原市的特色在于睡魔特别高，高达22米，相当于7层楼高，且重达22吨。睡魔下方的车台装有轮子，由众人推行，伴随人群的舞蹈，缓缓游街。

睡魔出游的目的，是希望在炎炎夏日中，借着热闹的祭典，振奋众人精神，把睡魔赶走，让大家继续努力工作与生活，同时也有趋吉避凶的意味。

在五所川原市内，盖了一座"立佞武多の馆"，就是平时专门收藏并展示这些花灯的地方。除了提供各种文献数据介绍这项传统活动，楼上也是每年新花灯的制作现场，可供民众参观。

每一年都会打造一座新的睡魔，取代每三年就退役的旧睡魔。每一座睡魔耗资约1200万日元，仅是花灯下的巨大推车和耐重轮胎，就要一千多万。睡魔的制作团员为7人，每一座睡魔的制作时间约半年。不过因为从设计图的审查到动工，半年的时间太紧张，所以从2013年起调整为1年。

小时候过元宵节，我们都曾有手工做花灯的经验，曾几何时，这传统也渐渐消失了。每年的花灯展示，大部分的花灯根本不是灯笼，只不过是把东西挂上灯饰或打上灯光罢了。

青森的睡魔，不仅延续祭典的传统，还将手工纸糊灯笼的职人传统技法，一代代延续下去。文化，绝不是空有形式的凑热闹，而应该是这样在脑中思考，从心底、从双手，延续下去。

【奉书纸】
花灯使用的和纸称为"奉书纸"，旧睡魔拆解以后，会将这些和纸回收利用，制成其他再生产品。

立佞武多の馆（たちねぷたのかん）
add　青森县五所川原市大町21-1
open　19:00～19:00（4月～9月）
　　　 9:00～17:00（10月～3月）
close　1月1日
access　新青森→（五能线电车）→五所原站
　　　　 徒步5分钟
web　http://www.city.goshogawara.lg.jp/index.html

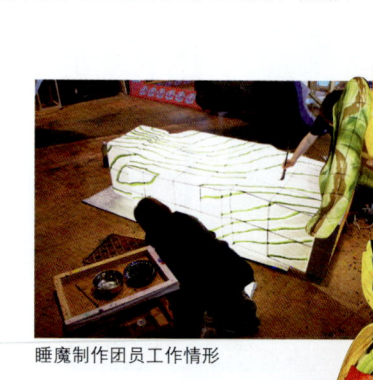

睡魔制作团员工作情形

睡魔之家 Wa Rase

add　青森县青森市安方 1-1-1
open　9:00 ～ 17:00（5月～8月）
　　　9:00 ～ 18:00（9月～次年4月）
access　JR青森站，徒步1分钟
web　http://www.nebuta.or.jp/warasse/

AOMORI 10 — 睡魔之家 Wa · Rase

睡魔图案的苹果味果汁

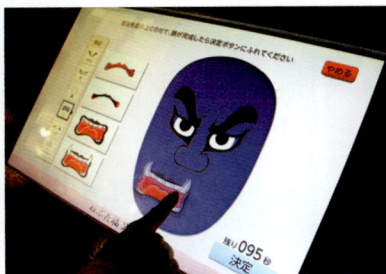
自制睡魔软体

睡魔灯笼展示作品

睡魔展示馆

除了青森县五所川原市的"立佞武多の馆"，青森市内也有一座睡魔展示馆。为了传承并宣传这一传统文化，青森市特别在车站附近兴建了一座"睡魔之家Wa·Rase"，借此展示睡魔灯笼的技艺与祭典的历史。跟五所川原市的睡魔不同，青森市的睡魔不以高度取胜，而是横向发展，在宽9米、深7米、高5米的标准尺寸中，设计出五彩夺目的花灯主题。

在这里除了可以赏花灯，还有多种文献数据与互动式参与，例如可以通过屏幕画出自己专属的睡魔模样，十分有趣。

青森市的睡魔也会在一定期限内解体。拆除后的睡魔，和纸用来做成神社里的御守，延续神明守护的力量。

青森市区美食小散步 AOMORI 11

自制海鲜盖饭

在青森市区内的青森鱼菜中心，俗称"古川市场"，是一处贩卖生鲜鱼肉，并提供民众在各个摊位购买少量海鲜，然后装成盖饭（丼），在市场内休憩处食用的地方。市场里的鱼货当然都是每天捕获的新鲜海产。对只想吃自己喜欢的海鲜的人来说，选自己想吃的，做自己的盖饭，是再好不过的事了。

这个称为"のっけ丼"（Nokke Don）的盖饭购买步骤如下：（一）在入口处购买餐券。面额分1000日元跟500日元两种。（二）购买海鲜和饭。先到店铺前挂着橘色旗子的店家，购买白饭，小碗100日元，大碗200日元。再到挂着蓝色旗子的店家，购买想吃的海鲜。（三）到休憩处享用美食。

盖饭套餐

A-Factory

亚希炸猪排

位于青森车站不远处的亚希炸猪排，是当地人皆知的洋食老店。昭和风情的老店铺，店门与装潢都显得老旧，却溢满独特的怀旧风情，以及老板浓浓的人情味。远近闻名，许多从外地来青森出差的人，每次都会来亚希。

以炸猪排和炸虾等洋食为主的亚希，价格实在，食物的分量之多也令人惊叹。特别是厚实的猪排，在冬夜里饱食一餐以后，好像进入了什么都不怕的境界。回酒店的路上，冬夜迎来的雪，仿佛也温暖起来。

🏠 **古川市场（青森鱼菜センター）**
add　青森县青森市古川1-11-16
open　7:00～17:00
close　周二（1月1日、2日）
access　JR青森站徒步约10分钟
web　http://www.aomori-ichiba.com/nokkedon/index.html

🏠 **亚希炸猪排（亚希とんかつ）**
add　青森县青森市新町2-1-16
open　11:00～21:00
close　周二
access　JR青森站徒步7分钟

青森A-FACTORY物产餐厅

专卖青森物产品的"青森物产馆ア
スパム",除了可以买到各式各样的青
森名产,还能登上13楼的展望台,一
睹青森市区与海港的美景。来青森物产
馆,当然就要买苹果相关物产啰。这里
推荐两样点心,一个是现烤的酥脆苹果
派,另一个是底部有果肉的苹果冰淇淋。

青森物产馆历史悠久,内部装潢
也很怀旧,而不久前开的一间物产
馆,就新潮漂亮多了。这间位于"睡魔之家Wa·Rase"旁的"青森
A-PACTORY"有着新颖的外观,卖场也相当明亮宽敞。中央设有开放式
餐厅与用餐区,空间穿透感极佳。曾获2011年日本"Good Design"建筑设计大赏。

青森味噌咖喱牛奶拉面

青森人真的非常爱吃拉面,各种口味和种类都爱,在市区内常见到各种拉面店,算
是其他城市里较少见的风景。

在这些口味中,最特别的是青森味噌咖喱牛奶拉面。为了尝一尝味道,我们特地
在当地人的推荐下,来到这间"味の札幌 大西"。以味噌汤汁为基础,添加咖喱粉和牛
奶,成为日本独特的拉面吃法。这家的拉面吃起来很顺口,咖喱的味道十分香醇,也不
必担心味噌的味道太重,确实是崭新的
拉面味觉尝试。

吃饱后,在入夜的青森街道散步,
肌肤感受到空气里盈满的湿润。途经睡
魔之家Wa·Rase 与青森A-PACTORY
之间的广场,看见已经打烊仍亮着灯光
的建筑,有一股静谧中的安心。

睡魔是否也需要睡眠呢?我不知
道。但我确定的是在没有睡魔游街的青
森之夜,此时此刻,舟车劳顿了一整天
的我,睡意终于席卷而来。

青森物产馆アスパム
add 青森县青森市安方一丁目1番40号
open 9:00～19:00(4～10月)、9:00～18:00(11～次年3月)
close 无(元旦假期除外)
access JR青森站,徒步约15分钟
web http://www.aomori-kanko.or.jp

青森A-FACTORY
add 青森县青森市柳川1-4-2
open 10:00～21:00(一楼营业至20:00)
close 无(元旦假期除外)
access JR青森站,徒步约1分钟
web http://www.jre-abc.com

味の札幌 大西
add 青森县青森市古川1丁目15-6古川パークビル1F
open 11:00～21:30
close 无(元旦假期除外)
access JR青森站,徒步约10分钟
web http://www.showadori.net/shop/select.php?id=3-11

HAKODATE

函馆

北海道
函馆市

交通资讯

①飞机
▶行驶路线：
羽田机场→函馆机场
飞行时间 1小时20分钟

②电车
▶行驶路线：
东京 新干线 新青森 JR特急スーパー白鸟 函馆
行驶时间约6.5小时

▶票券购买：
JR PASS（外国观光客可利用）
详细购买、价格与使用方式，请参考官方网站
http://www.japanrailpass.net/zh/zhQ01.html

地上的星光

"抬头看见的星空固然美丽，
但我更愿意凝视地上的星光，
那是我能够走进的世界。
在闪烁的灯火之中，
必然有一些什么
等待着与我发生。"

copyright© City of Hakodate.
Hakodate Yunokawa Onsen Hotel Association.
Hakodate International Tourism and Convention Association.

　　北海道函馆是日本锁国时代后，率先对外开埠的几座城市之一，相比其他北海道的城市，更早吸收外来文化，无论是建筑、饮食文化和街道气氛，都受到很大的影响，是一座和洋融合的美丽港都。许多人问过我，去过日本那么多地方，最喜欢哪一座城市？我的回答往往是，东京以外，最想长住的地方就是函馆。

HAKODATE
01

入舟番屋

入舟番屋自制酱油

🏠 **入舟番屋**
add 　北海道函馆市入舟町16-7
open　11:00～14:00（售完为止）
　　　6～12月，逢周六周日营业
access　函馆市电"函馆どっく前站"
　　　徒步10分钟
web　http://www.hakobura.jp/
　　　db/db-food/2011/04/post-197.html

花枝生鱼片定食

吃自己钓的函馆花枝！

搭乘以青函海底隧道穿越津轻海峡的"JR Super 白鸟95"号，告别青森，离开本州岛，抵达了函馆车站。这是我第三次踏上北海道函馆的土地。

函馆渔获丰富，尤其盛产花枝，素有"花枝之都"的美称。所以来到函馆，必然要找一间地道的花枝乡土料理餐厅。就在函馆市入舟町，有一处名为"入舟番屋"的地方，是函馆市渔业协同组合经营的餐厅，可以保证让远道而来的旅人吃到最新鲜的函馆花枝。怎样算是最新鲜的呢？你吃的花枝会由你自己钓起来！

"入舟番屋"特别之处在于，老板会先将你带到放着几个大鱼槽的屋子里，交给你钓具，让你体验钓花枝的乐趣。花枝活蹦乱跳，游的速度又快，该怎样让它上钩，实在不是件简单的事。一不小心，还可能被它喷得全身是水。虽然狼狈，不过也是大家从未体验过的有趣经历！

当然，如果真的没钓上钩，店家会帮你。总之，最后到隔壁二楼的餐馆，现场制作的花枝生鱼片定食（イカ刺し定食），会用属于你的那条花枝来做。

花枝生鱼片定食1500日元。包含钓花枝体验费、花枝生鱼片、味噌汤、小菜马铃薯和下酒菜盐辛（しおがら），以及白饭。所有的花枝都是当天早上才从函馆港捕获的新鲜乌贼，而料理的厨师清一色都是女性。原来，早上出海捕鱼的是先生，妻子就负责掌厨。

掌厨的阿姨说，看花枝的切片充满了透明光泽，新鲜的程度即使在东京的筑地市场也见不到。即便是从函馆直送东京，也不可能比在这里吃还要新鲜。而且，以这样一套生鱼片定食来说，在东京吃恐怕要3倍以上的价钱。

HAKODATE
02
函馆朝市

饶富生命力的热情食堂

想更方便地吃到函馆的新鲜海产,当然就是到函馆车站旁的函馆朝市了。种类丰富的新鲜海产虽然不能带出国,但可以在朝市的食堂食用,购买方便携带的干货也不错。

函馆朝市内的店家,店员都非常热情。除了海鲜,朝市内也贩卖当季水果。切片的北海道哈密瓜,一片只要100~200日元,便宜又好吃。

这天选择的食堂,是在朝市内的"荣屋食堂よさこい"。这家店常常接待观光客,所以对外国旅客很热情。食堂提供8种新鲜海鲜盖饭,价格从1470~1980日元不等,视大小跟种类而不同。隔壁的物产店可以买到新鲜海产或干货,超过500种。

在店里用餐时,特别注意到墙上跟柱子上,都用胶带贴了一条红色的线。是什么意思呢?走近墙上贴有照片的地方,才知道原来这是311大地震当日,函馆受灾淹水的高度,一旁的照片则是当时店里的惨状。

地震那几天的日本新闻,几乎都锁定在东北地区,很少人知道原来北海道函馆也受到海啸严重的侵袭。函馆朝市几乎被海啸淹没了,在努力重建之后,才再现活力。

 函馆早市荣屋食堂
(函馆朝市栄屋食堂よさこい)
add 北海道函馆市若松町11-4
open 5:00~14:00
access JR函馆站,徒步3分钟
web http://r.gnavi.co.jp/85ezna1g0000/

现秤帝王蟹

哈密瓜特写

HAKODATE 03 函馆市区散步

函馆是个依山傍海，有坂坡、也有路面电车（函馆市电）的特色城市。想体会这座城市的美，走马观花是一大禁忌。无论是搭乘叮叮当当的有轨路面电车或者步行，总之，一定得放慢脚步才行。

五棱郭与元町

函馆市区内的五棱郭是首次到访函馆的旅人一定不会错过的景点。五角形的五棱郭是一座西式要塞，建于19世纪中叶，当时统御函馆的行政中心"箱馆奉行所"便设在此地。

从五棱郭塔上，可以鸟瞰辽阔的五棱郭公园。春天公园樱花盛开之际是登高望远的旺季。明明是亮晃晃的白昼，俯瞰着五棱郭城，却感觉像是

函馆哈利特斯教堂

一颗大星星，静静降落在函馆的土地上。

1985年开始研究复原计划，2006年开始重建，终于在2010年开放的"箱馆奉行所"内，可以目睹一百四十多年前的幕府末年馆内的景象。当然，也可得知五棱郭与函馆的详尽历史。

元町在函馆山的山脚下，早期是洋人居住之处，故留下了许多教堂和西式建筑。石坂坡道，有19条倾斜的街道直达港口。较为出名的有八幡坂、鱼见坂、基坂、大三坂、二十间坂等。街道，起伏如静止的浪，延伸出和洋混合风格的建筑，缓缓散步在

鸟瞰五陵郭

五稜郭
add　北海道函馆五稜郭町43-9
open　4月21日～10月20日 8:00～19:00
　　　10月21日～4月20日 9:00～18:00
　　　"五稜郭の梦"期间（冬季）9:00～19:00
access　函馆市电函馆站前站至五稜郭公园前站下车，徒步约15分钟
　　　或搭乘巴士函馆站前站至五稜郭公园入口站下车，徒步约7分钟
web　http://www.goryokaku-tower.co.jp

坂坡观光网站　　web http://www.hakobura.jp/db/db-view/cat224/
元町教会观光网站　web http://www.hakobura.jp/db/db-view/cat227/

旧函馆区公会堂外观

其中，不仅散心，也能欣赏建筑之美。

　　元町天主教堂（カトリック元町教会）：内有罗马教皇赠送的祭坛和圣像。

　　函馆哈利斯特斯教堂（函馆ハリストス正教会）：希腊正教在日本最初传教之处。

　　旧函馆区公会堂（旧函馆区公会堂）：明治时代以此为中心，建造许多行政机关。地点位于基坂。此一斜坡因为是当初函馆道路建设的基准点，故称为基坂。

HAKODATE 04

美铃咖啡

北海道咖啡的起点

1936年就在此营业的美铃咖啡总店外，放着一台置于玻璃柜中的咖啡焙煎机。原来，这就是北海道的第一台焙煎机。咖啡种类虽然繁多，这里推荐的是最简单的"Blend（Premier）Coffee"综合咖啡。没有过多的苦味，后劲亦保持甘醇的味道。不加糖也不加奶精，喝着咖啡的原味，相当顺口。

以咖啡制作的甜点也颇受欢迎。比如咖啡霜淇淋，跟其他店家的咖啡霜淇淋着重于咖啡的味道不同，这里的霜淇淋牛奶味道也很浓烈，是介于北海道牛奶跟咖啡之间的冰品。另外，还推荐咖啡冻。不带甜味的香浓咖啡冻，单吃或许觉得苦，那么配上一层厚厚的、带着甜味的咖啡鲜奶油一起吃，味道就刚刚好了。

【日本最老的咖啡店】
日本最早喝咖啡的四座城市是函馆、横滨、神户和长崎。函馆美铃咖啡的总公司"铃木商店"成立于1932年，迄今已有八十多年的历史。因为战争，咖啡馆毁于战火，同时禁止输入咖啡。直到1936年，才在函馆市的大门地区重新开业。原本店名为铃木商店，经过市民投票，决定了现在通用的店名：美铃咖啡。

咖啡霜淇淋

咖啡冻

综合咖啡

❀ 咖啡焙煎工房
　 函馆美铃大门店
add　北海道函馆市松风町7-1
open　10:00～19:00
access　函馆市电函馆站前站，
　　　　徒步2分钟
web　http://www.misuzucoffee.com/

HAKODATE 05
超高人气 LUCKY PIERROT 汉堡

函馆限定的花枝汉堡

充满怀旧风的店面,像是上世纪70年代美国高速公路旁的汉堡店。LUCKY PIERROT 每家店的风格都不太一样,但都是老板的点子。

在开店以前,创办人在千叶县经营中餐馆。难怪不仅收银台,汉堡也颇有中国风。人气指数最高的汉堡是"中式炸鸡汉堡"。炸鸡夹在汉堡包里,酸甜的酱料也从中国菜取经而来,抓住了日本人爱好改良口味的癖好。

除了人气汉堡,店内几款巨无霸汉堡也很受年轻男性欢迎。每当店里有客人点巨无霸汉堡送上来时,店员就会摇铃,谁有能耐吃下这么大的汉堡,顿时成为全场注目的焦点。

5~10月推出限定的花枝汉堡,用的花枝号称非冷冻食材,是直接从市场买来的。之所以如此耗费精力,都是因为 LUCKY PIERROT 坚持食材的新鲜,不愿毁了函馆"花枝之都"的美誉。

由于坚持使用北海道南部生产的材料制造汉堡,达到当地产销的"地产地销"概念,又不愿意用冷冻过的食材,故多年来无论外界多么热情地邀约,LUCKY PIERROT 都不愿意到函馆以外的地方开店。

巨无霸汉堡

中式炸鸡汉堡

LUCKY PIERROT
add　北海道函馆市若松町 17-12(函馆站前棒二森屋本馆1楼)
open　10:00~0:30(周一至周五、周日) 10:00~1:30(周六)
access　JR 函馆站前站,徒步4分钟
web　http://www.luckypierrot.jp

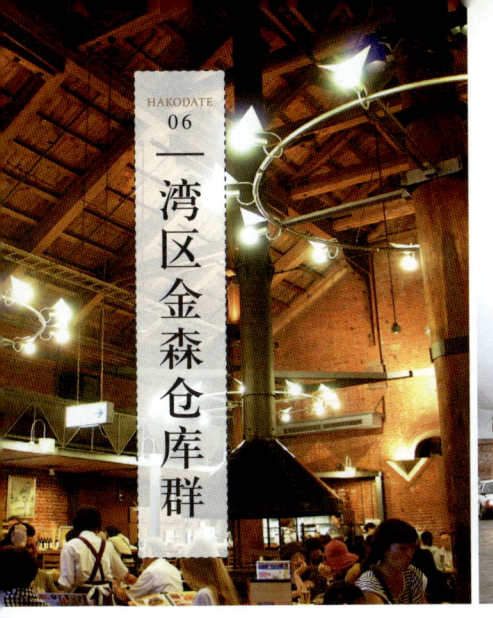

HAKODATE 06
湾区金森仓库群

✿ 函馆啤酒 Hall
（みなとの森 函館ビヤホール）
add　北海道函馆市末广町14番12号
open　11:30～22:00（平日）
　　　　11:00～22:00（假日）
access　函馆市电末广町站，徒步3分钟
web　http://www.hkumaiyo.com

金森红砖仓库

  这里有点像横滨的红砖仓库，不过更有海港的气氛。到了晚上，总是容易起雾的函馆，让打着昏黄灯光的金森红砖仓库，呈现出一片雾茫茫的金色景致，更为此地增添不少浪漫的风情。

  这一晚，我和同行的伙伴们，在金森仓库群的函馆啤酒 Hall 里，挑了这家"森"共进晚餐。既然名为函馆啤酒 Hall，当然不能错过北海道啤酒了。各式各样的北海道与函馆啤酒，有甜味的，也有浓厚口感或淡味的，任你选择，或请店员推荐。如果没什么点子，可以考虑这三种：SAPPORO 黑生啤酒、北海道限定 SAPPORO Classic 啤酒和函馆红砖瓦啤酒。喜欢带点甜味的，建议点函馆红砖瓦啤酒。

  餐厅以西餐为主，有不少料理是德国风味，搭配啤酒，恰如其分。当然，如果想享用函馆海鲜，也提供生鱼片等和食料理。

  吃饱喝足，倘若夜里晴朗，那么上函馆山去看夜景吧！但如果在山下就已经感受到浓雾的话，按照当地人的说法，即使上山也见不到夜景。冬季因为气温低，视野较为辽阔，看见清晰夜景的概率也大一些。

  被誉为世界三大夜景的函馆扇形夜景，让人误以为是地上的星盘。总是说天上的星光，每一闪其实都已经多少光年以前的事。纵使美丽，不免寂寥。而函馆山望下去的万家灯火，闪烁的仍是现在进行式的故事。一些爱恋，一些忧愁，真实的人间烟火。

  抬头看见的星空固然美丽，但我更愿意凝视地上的星光。那是我能够走进的世界。在闪烁的灯火之中，必然有一些什么等待着与我发生。我这么相信着，也将如此相信下去。

【金森红砖仓库】
正对港口湾区，是浪漫函馆的象征。此地有一丛明治时代后期留下来的红砖仓库，改建成餐厅商店街，故名为"金森红砖仓库（金森赤レンガ方仓库）"。

中部

NIIGATA
新潟

新潟县

交通资讯

上越新干线

▶行驶路线：

① 东京→新潟
  行驶时间2小时4分钟

② 东京→越后汤泽
  行驶时间1小时47分钟

▶票券购买：

① JR PASS（外国观光客可利用）

详细购买、价格与使用方式，请参考官方网站
http://www.japanrailpass.net/zh/zh001.html

若不购买JRPASS，
可在JR车站直接购买新干线票券。

夜空下，
大地一片白茫

在台湾想看一场雪，
多么不容易。
在越后汤泽遇见的大雪，
对我们来说，
只能用两个字来形容，
那就是"奢侈"。

说到新潟，第一印象不外乎远近驰名的新潟米。新潟一带因为水质极佳，种出来的米也好吃。水质优，其实不只代表米好吃，凡是需要用水灌溉的农产品，都会跟着变得可口。比如新潟的米果、新潟酒、新潟荞麦面，这些原料用到米或麦的农产品，都是名闻遐迩的特产。

🔵 豆八
add 新潟县新潟市中央区古町通5-627
open 9:30～20:30
close 每周三
access 在新潟站前搭乘往"古町"方向的巴士，下车后徒步前往。或搭乘电车至JR白山站下车后，步行约1公里
web http://furumachi.jp/pc/shop.cfm?SNO=2230918

NIIGATA 01 — 古町散步之旅

古町的美味

在新潟站外可搭乘观光循环巴士，载你到市区内主要的景点。过了信浓川以后的新潟市区，有个叫作"古町"的地方，是新潟市内我最喜欢的地方。昭和初年，新潟的古町和京都的祇园、东京的新桥，并列为日本三大花街。如今的古町花街气氛虽已不在，仍保存了许多风情绝佳的老店。一间间充满历史背景的餐厅，将当年那些风花雪月的繁景都收纳到料理的味道里，唯有踏进一尝，才能明白个中滋味。

在古町有一家名为"豆八"的老店铺，号称拥有新潟市民认为只要是当地人就非吃不可的甜点，就是豆八最中。不过，"最中"本身并不稀奇，到处都有卖，为什么新潟市民会认定豆八卖的最中是他们的特产呢？在古町的商店街里找到了豆八以后，看到店门外挂着斗大的招牌写着"小仓冰、最中冰"。冰？难道所谓豆八出名的最中，其实是冰品？

果然如此。这里卖的最中，酥皮里的内馅是冰。清爽的甜味口感，冰冰凉凉的最中，相当特别。问题是，如果是冬天来到新潟，天气非常寒冷。走在新潟街头，没走几步，就忍不住要躲进店里了，还要吃冰？可是，既然都来了，当然要试试看。而且除了最中，连小仓红豆冰也忍不住一起买了。冰到最高点，旅行的心，怎么样都是愉悦得非常温暖哪！

最中

小仓红豆冰

【最中】
日本和果子的一种，以薄饼的外皮包裹豆沙馅，搭配茶点十分合味。

白十字吃茶店

NIIGATA 02

昭和风味浓郁

散步在新潟市区的古町区域,不仅能放松身心,发现许多怀旧满溢的街角风景,还能在这些留存的老店铺中,寻找到新鲜的美味。比如受到当地人爱戴的"白十字"吃茶店,除了浓郁的咖啡,最特别的是当你走进这家店,仿佛踏进了时光隧道,立刻回到40年前。

白十字创业于1946年,迄今已快70年了。现在吃茶店里的装潢设计,在1967年完成后就保持至今,四十多年来从未改变。从未改变,并不代表破损老旧。相反,白十字店内的状态保持得非常好,橘黄的灯光下,飘散着所谓的昭和年代感。和店里的咖啡香一样,酝酿出令人回味无穷的风味。

三明治套餐

然而,这一切并不是复古,而是本色。

白十字咖啡的特色,是用浅煎咖啡豆的方式,产出酸味较强的咖啡口味。除了咖啡,三明治也是店里的招牌。三明治套餐含一杯鲜榨柳橙汁与咖啡,咬下三明治喝一口咖啡的瞬间,便能明白六十余年屹立不摇的道理。

○ 白十字
add 新潟县新潟市中央区古町通6-967-1
open 7:30-20:00(周一至周五)
　　 8:00 ~ 20:00(周末)
access 在新潟站前搭乘往古町方向的巴士下车后徒步前往
　　　 或者搭乘电车至JR白山站下车后步行前往约1公里

○ 越后汤泽
access　东京车站出发，搭乘上越新干线最快1小时32分钟即可抵达

NIIGATA
03

越后汤泽

大雪纷飞温泉乡

诺贝尔文学奖作家川端康成的小说《雪国》里描写的场景，正是新潟的越后汤泽。这部小说的开头，"穿过县界长长的隧道，便是雪国。夜空下一片白茫茫"，几乎也成了旅游书提到越后汤泽温泉时，必然会引用的一段话。川端康成仿佛也成了越后汤泽的代言人。

奢侈的大雪造就了滑雪场，也让这里有了许多针对滑雪行程而经营的温泉旅馆。就算不想滑雪，挑一家温泉旅馆看雪、泡温泉、吃美食，都是极致的享受。

越后汤泽温泉的街上有不少餐厅与商店，但规模最完善的还是集中在JR车站里的大型商场。商场内，新潟越后汤泽的土产、美食，绝对能让人吃得开心、买得彻底。其中最特别的当属这个酒藏空间，进来就能喝到新潟县生产的96种日本酒。一格格的柜子，都是日本酒的自动贩卖机，投币后便可浅尝口感。越后汤泽的荞麦面与拉面也值得品尝。

越后汤泽有新干线可抵达，距离东京只要1.5小时车程，许多热爱滑雪的东京人，在冬天与初春季节，便会利用周末去滑雪，当天来回也没问题。

JR车站内的酒藏空间

NIIGATA
04

水屋

雪地里的温泉咖啡

走出越后汤泽站，对面有栋古色古香的两层木造建筑。店门口设置了温泉足汤，平常在冷冽的气温中飘着温暖白烟，更加引人注目。同一栋楼房里，就在足汤旁有个商家，外面摆放了醒目的招牌写着"温泉咖啡"，让喜欢温泉又爱咖啡的我，忍不住踏足进入，索求一点温暖。

以温泉咖啡为招牌的这家店，有个很美的名字，叫作"水屋"。走进水屋之前，会先经过贩卖新潟地方名产的区域。这间物产店名为"Nnmaya"（んまや），主要售卖的是新潟鱼沼地区出产的食材，包括知名的新潟鱼沼米、味噌、渍物和各种干物。秉持着地产地销的精神，希望借由这些雪国食材，向大众传递日本食文化的美好。

水屋的招牌就是以温泉水蒸馏出来的咖啡，还有以温泉水和米粉制作的各种甜点美食。无论是热咖啡或冰咖啡，水屋的咖啡都用温泉水抽出，冰咖啡更是用手工的滴漏式"水出咖啡"制作而成。咖啡首重水质，新潟本以优质水出名，故能生产出好米与好酒，温泉咖啡自然也因好水而风味愈发醇厚。市面上少见的温泉水布丁也十分推荐。绵密细致的口感，搭配咖啡或红茶，更能拉出味觉的层次。

整个冬天和春天的飘雪已然结束，而温泉水仍潺潺流动着，窜进美味的温泉咖啡与布丁里，和夏天的风，一起等待下一个雪季。

🌀 水屋（ミズヤ）
add　新潟县南鱼沼郡汤泽町大字汤泽2455
open　9:00～18:00
access　JR越后汤泽站西口前
web　http://www.isen.co.jp

㊙ 温泉水布丁

水屋内部蒸馏器具陈设

中部

KARUIZAWA
长野 轻井泽

轻井泽的欧风世界

"只是山手线电车
绕一圈的时间，
就能进入和东京截然不同的，
令人舒缓身心的欧风世界。"

长野县
北佐久郡轻井泽町

交通资讯

长野新干线

▶行驶路线：
东京→轻井泽
行驶时间1小时2分钟至1小时15分钟不等（视新干线车种）

▶票券购买：
JR PASS（外国观光客可利用）

详细购买、价格与使用方式，请参考官方网站
http://www.japanrailpass.net/zh/zh001.html

轻井泽拥抱了两个季节。冬天是滑雪胜地,夏天则变成避暑胜地。轻井泽位于长野县,从东京出发搭乘新干线约1小时就能抵达。只是山手线电车绕一圈的时间,就能进入和东京截然不同的,令人舒缓身心的欧风世界。

　　自古以来,轻井泽就因为外国传教士,逐渐发掘出这里得天独厚的地理条件和跟气候。不但冬天可以滑雪,夏天能够避暑,甚至还有温泉。于是,百年前开始,轻井泽又吸引了大量的外国人前来建造别墅。或许是住在这里,也或许是当作休假的去处,从那时开始便打造出拥有大量欧风森林别墅的雏形。

轻井泽花开时节　　　　　　　甜点与饭后饮料

KARUIZAWA
01

中轻井泽

体验森林欧风别墅

轻井泽的区域很广，主要以新干线停车的轻井泽车站为中心。这一带是交通最便利的地方，饭店和高级的欧风森林旅馆也为数众多。参加旅行团或购买旅行社套装行程，最常安排的就是距离车站最近的王子饭店。尤其还有超大型的OUTLET购物中心，更吸引许多游客投宿于此。不过，也因为如此，你就不会再有机会，深入更有特色、更宁静的轻井泽森林住宿体验了。

于是，我决定离开轻井泽站，在下一站，也就是"中轻井泽"这一带寻找旅馆。从轻井泽到中轻井泽，一小时只有一班列车，周遭不是那么热闹，也没有可以逛街的地方。不过，我们不是嚷嚷着要放下工作，离开城市的喧嚣吗？那么，这里的环境就是最合适的。

我挑中了一家叫"Forest of Nome"的欧风森林别墅。这间旅馆，从中轻井泽站出站以后，还要搭乘公交车或出租车才能抵达，车程5～7分钟。但因为公交车班次少，从下车地点釜之桥还要再徒步一小段路，建议还是搭乘出租车，直接开到旅馆门口，约1300日元。一行人一车的话，其实比搭公交车更划算。

在黄昏之际，抵达"Forest of Nome"欧风森林别墅时便惊呆了。橘黄渗着宝蓝的夕阳下，绿树簇拥着华灯初上的旅馆。踏进"Forest of Nome"时肚子已经饿了，准备享受今晚在森林欧风别墅里的晚餐。

晚餐豪华得令人吃惊。不是一人一份的定食套餐，也不是对店家来说容易打理的欧式自助餐，而是整套完整的法式西餐。从餐前酒（果汁）、不限量的餐前面包、沙拉、

利用暖炉生火同时还可烧水

● Forest of Nome（ノーム）
add 长野县轻井泽町长仓 1807-3
access 自中轻井泽站转乘出租车
约 5 ~ 7 分钟，车资约 1300 日元
web http://www.18.ocn.ne.jp/~nome/

Forest of Nome 外观

欧式沙拉、牛排主餐

生鱼片、汤（特别推荐夏日马铃薯冷汤）、前菜、牛排主餐、甜点到饭后饮料，量多且细致，吃得每一个人都饱到翻了过去。早餐也相当用心，还没入座，光是看到摆满桌上的食物，已经感觉到幸福而完美的一天。

Forest of Nome 的房间比较大，放两张单人床、甚至再加床成三人房都可以，剩余的空间依然感觉宽广。每间房都有前门和后门，后门打开，就是庭园。同行旅伴住在紧邻的两间房，大家就从通往庭园的后门穿梭来去。

室内温泉池虽然是公共的，但因为客房不多（共有 14 间房），共享时可将门锁上。房间外的庭园，一直通向旅馆外的森林。早上起床，到附近散步，神清气爽。

旅馆的老板娘相当亲切，而且很有才华。离开旅馆的那天早晨，她端出一排以和风花柄的布料制作而成的面巾纸布包。原来，都是她手工缝制的。这是她要送给每个人的小礼物。挑好自己喜欢的图样，包起的不只是面纸，还有对这间旅馆，这个夏天，清凉又温暖的回忆。

KARUIZAWA 02 — 青空绿野自行车

悠活骑车路线

来轻井泽怎么能不骑自行车？租自行车还有另外一个原因。就是轻井泽腹地相当广大，特别是在轻井泽站以外的郊区，如中轻井泽和南轻井泽，景点很分散，如果不租自行车，很难在短时间逛到那些地方。

在轻井泽很多地方，特别是车站周围，都很容易见到租自行车的店家。我投宿的地方是中轻井泽站周围，因此是到中轻井泽站对面的一间租车店租的。自行车按时计费，每一家价格不会差太多，也算合理。大人、小孩或双人车，各种车型都有。中轻井泽车站对面只有这一家租车店，店家的老太太租车给我时，竟然押金和证件都不用，只要留个名字而已，看几点骑回来再算钱。

如果是从中轻井泽站出发，骑车路线可以分成往车站的南方或北方两大区域。南方是饭店的区域，聚集了一些在森林里的美术馆和博物馆。北方则是包括"石之教堂"等出名的教堂。还会经过聚集着许多美味餐厅和名产店的"ハルニレ テラス"（Harunire Terrace）。再往下骑，就会抵达轻井泽著名的"星の野"饭店。

石之教堂内部

牛猪肉：酢重正之商店（下）

03 漫步旧轻银座

被果酱和蜜酿苹果围绕

轻井泽的重头戏之二，就是来到在轻井泽站附近的"旧轻银座"和"轻井泽OUTLET购物中心"，好好放纵一下，花钱享福吃美食。

抵达旧轻银座的方式，可以在轻井泽站附近租用自行车，或者像是我和旅伴们一样徒步前往，沿路边聊边吃，一点也不觉得路途遥远。旧轻银座的主街长约800米，在"旧轻银座通"这条路的两边，尽是独具风格的商家。有餐厅、咖啡馆、服饰店和当地名产店，随时走进任何一间小店，都会有愉悦的惊喜。

轻井泽周遭因为盛产水果，在旧轻银座大道上的店家，自然就以当地水果制成的产品而闻名。例如，因为当地的苹果有名，于是有一种叫"蜜酿苹果"的甜点。用腌制的手法，将整颗苹果用蜜糖浸泡，只是看就已经觉得全身甜蜜蜜。此外，还有不能错过的果酱。一家店就可能超过50种口味，更何况整条街到处都是不同的果酱店呢？为了蘸果酱，这里的面包也变得好吃起来。

此外，我在旧轻银座通上，还吃到一间相当令人惊艳的和风午餐。这间店名为"酢重正之商店"的餐厅，以长野县名物味噌、酱油和当季食材作为基底，做成味噌鲭鱼、炸鲑鱼、牛猪肉和茶泡饭，还有食材丰盛的味噌汤，是一家让人想尽快再吃第二次的店。

● 酢重正之商店
add　长野县轻井泽町轻井泽6-1
open　11:00～22:00/access 轻井泽站旧轻银座通上
web　http://www.suju-masayuki.com/

轻井泽物产馆咖啡

腌渍蜜酿苹果

关东

KUSAZU
群马 草津

群马县
草津町

交通资讯

新干线・巴士

▶ 行驶路线：
东京 〔长野新干线〕 轻井泽→
轻井泽站前巴士站〔草轻交通〕→草津温泉
行驶时间2小时44分钟

▶ 票券购买：
① JR PASS（外国观光客可利用）

详细购买、价格与使用方式、请参考官方网站
http://www.japanrailpass.net/zh/zh001.html

② 巴士
巴士站（或巴士内）购买车票

沉浸于时间汤中

"温泉长期以来留下的绿色汤垢
散落在泉底，
让'汤畑'远远看去
闪烁着淡绿色的光泽，
增添了几分媚惑诡谲的气氛。"

草津温泉位于日本群马县吾妻郡，是日本的三大名泉之一。江户时代更是排行第一的优质温泉。草津温泉在史料中最早出现于公元1472年，主要来自于"汤畑"泉源，这个地方也是草津的象征与地标，所有温泉街都是以它为中心分布的。

能够在温泉乡看见不停冒出的滚滚泉源，在日本实属少见，"汤畑"的特殊性不言而喻。来到草津的"汤畑"绝对会被其规模震撼，占地广大不说，泉源处一格又一格木造的豆腐状设计，温泉涌出的光景，是很新鲜的视觉体验。

豆腐格状的泉源"汤畑"

"汤畑"旁的免费足汤体验

KUSAZU 01 汤畑和时间汤

体验特殊的"汤治"

在期间限定的特殊季节，到了夜晚，"汤畑"还会打灯，是吸引观光客的大卖点。因为温泉长期以来留下的绿色汤垢散落在泉底，让"汤畑"远远看去闪烁着淡绿色的光泽，增添了几分媚惑诡谲的气氛。

草津温泉的泉质PH值基本上是1.7～2.1，属于强酸性的硫磺泉，有缓解皮肤病、神经痛、糖尿病症状等疗效。温泉疗法在日文中有个"汤治"的专有名词，意指利用温泉泡汤来调理体质，治愈疾病。草津温泉自古以来就是汤治的名所。昔日，人们会在这里住上一段时间，每天泡汤，相传有治疗的功效。直到近代医疗发达以后，草津温泉才卸下"汤治场"的面纱，转而发展成旅馆林立的温泉观光胜地。

温泉疗法（汤治）在江户时代的入浴方式有"时间汤"的别称。泡汤次数一日四回，为了让温泉不加入冷水而能自然降温，日本人发明了一种众人拿着木板，不断在温泉里搅拌降温的方式。一边搅拌，一边唱起歌来，成为昔日草津温泉的特色。如今，在"汤畑"旁设有一处表演场，每天仍定时表演这种为时间汤降温的工作，让观光客回到过去。

在草津温泉的泉源"汤畑"处四周，除了昔日搅拌"时间汤"的表演，尽是当地特色土产店和美味餐馆。通常来到草津，一定会住一晚温泉旅馆。不过，在前往旅馆check in之前，可以先到汤畑旁边的免费"足汤"体验一下当地泉质，当作是草津温泉的开胃菜。

【日本三大名泉】
日本三大名泉为草津温泉、下吕温泉、有马温泉。

🏷 汤畑
add　群马县吾妻郡草津町草津
access　草津温泉巴士总站徒步至草津温泉乡

KUSAZU
02

草津温泉旅馆

品尝温泉馒头

在草津温泉有一家CHICHIYA温泉馒头，是当地的名店。馒头的小麦粉来自北海道，用水当然是来自草津高原的温泉水。温泉馒头有两种，一种是白色外皮，一种是茶色外皮。白色外皮的包着栗子红豆馅，还有日本绿茶跟咖啡口味可以选择。茶色外皮的则以黑糖口味和红豆馅为主。温泉馒头，我偏好黑糖口味的，配上热茶一起享用，风味绝佳。

这次在草津温泉住宿的温泉旅馆，避开了汤畑附近价格较高的观光型旅馆，选择的是偏家庭式的旅馆。这间"Sakura Resort Hotel"虽然称不上高级，也没有提供一般旅馆房间里享受的会席美食，但该有的温泉设施都有，房间也超大。如果是和式房间，最大的房间住五个人仍然相当宽敞，一个人只要3500～4500日元。强烈推荐家族旅行或朋友、学生旅行前来住宿。

黑糖口味包覆红豆馅的
草津温泉馒头

草津温泉馒头 本家ちちや
add　群马县吾妻郡草津町大字草津
open　08:00～18:00
close　一般12月到次年2月底的每周四公休
access　草津温泉巴士总站徒步至草津温泉乡
web　http://www.kirara.ne.jp/stn/titiya/

草津温泉旅馆
Sakura Resort Hotel
（さくらリゾートホテル）
add　群马县吾妻郡草津町草津547-5
access　草津温泉巴士总站徒步至草津温泉乡
web　http://kusatsu-sakura.com

人力车夫与游客热情合照

嬉游温泉街

草津温泉虽然腹地宽广,但真正的温泉商店街并不大,徒步逛逛是最好的方法。当然,你也可以选择花钱懒人法,就是在汤畑的入口处,搭乘观光人力车。就像在浅草、奈良和镰仓等地一样的人力车,一次可以乘坐两位,让日本小哥拉着你,悠闲地将汤畑周围和商店街绕一圈。

全程十多分钟就能绕完。人力车的小哥们总是非常热情,知道观光客都想拍照留念,出发前还特地开放一段"媒体拍照"时间,让大家的相机拍个过瘾。最有趣的是自己也不忘变换姿势,还拿来一把红纸伞道具,增添日本风情。照拍完了,准备出发了,红纸伞也收起来啦。

日本的旅游观光相当人性化,软硬件都在考虑之中。为了配合草津温泉古色古香的气氛，就连汤畑周遭商家的外观也配合成一致的色调。由于这一带的房子多半是木造的老建筑，因此这里的自动贩卖机，整台机器的外观就变成了木头的颜色。

另外，7-11便利店的招牌也变成了深木色。值得一提的是这家便利店，免费开放宽广的二楼作为休憩区。如果在附近逛累了，还不想回旅馆，可以到一楼买个饮料到二楼休息。二楼靠窗的视野非常好，可以一览草津汤畑的风景。

因为是观光胜地，汤畑周围的餐厅有各种档次。推荐一家就在汤畑旁边的"汤乐亭"餐厅。这间餐厅也是一栋木造建筑，一楼是吃乌冬面的"源泉阁"，二楼就是吃文字烧和大阪烧的"汤乐亭"。这里还可以自己制作章鱼烧，当然，如果不会的话可以请老板娘代劳。老板娘非常好客，对游客相当友善，是一家适合两个人，更适合全家人来访的餐厅。

汤乐亭源泉阁外观；古色古香的木色7-11招牌（左上）；木质外观的饮料贩卖机（左下）

✿ 汤乐亭源泉阁
add　群马县吾妻郡草津町草津106-1
open　11:30～22:00/周末假日11:00～10:00
close　星期二
access　草津温泉巴士总站徒步至草津温泉乡
web　http://www6.wind.ne.jp/suncity/gensenkaku/index-pc.htm

KUSAZU
04

相扑茶屋大茶庵

相扑茶屋大茶庵

add　群马县吾妻郡草津町草津564-3
open　17:00 ~ 23:00
close　周一
access　草津温泉巴士总站徒步至草津温泉乡
web　http://aitra.jp/id/daichaan/

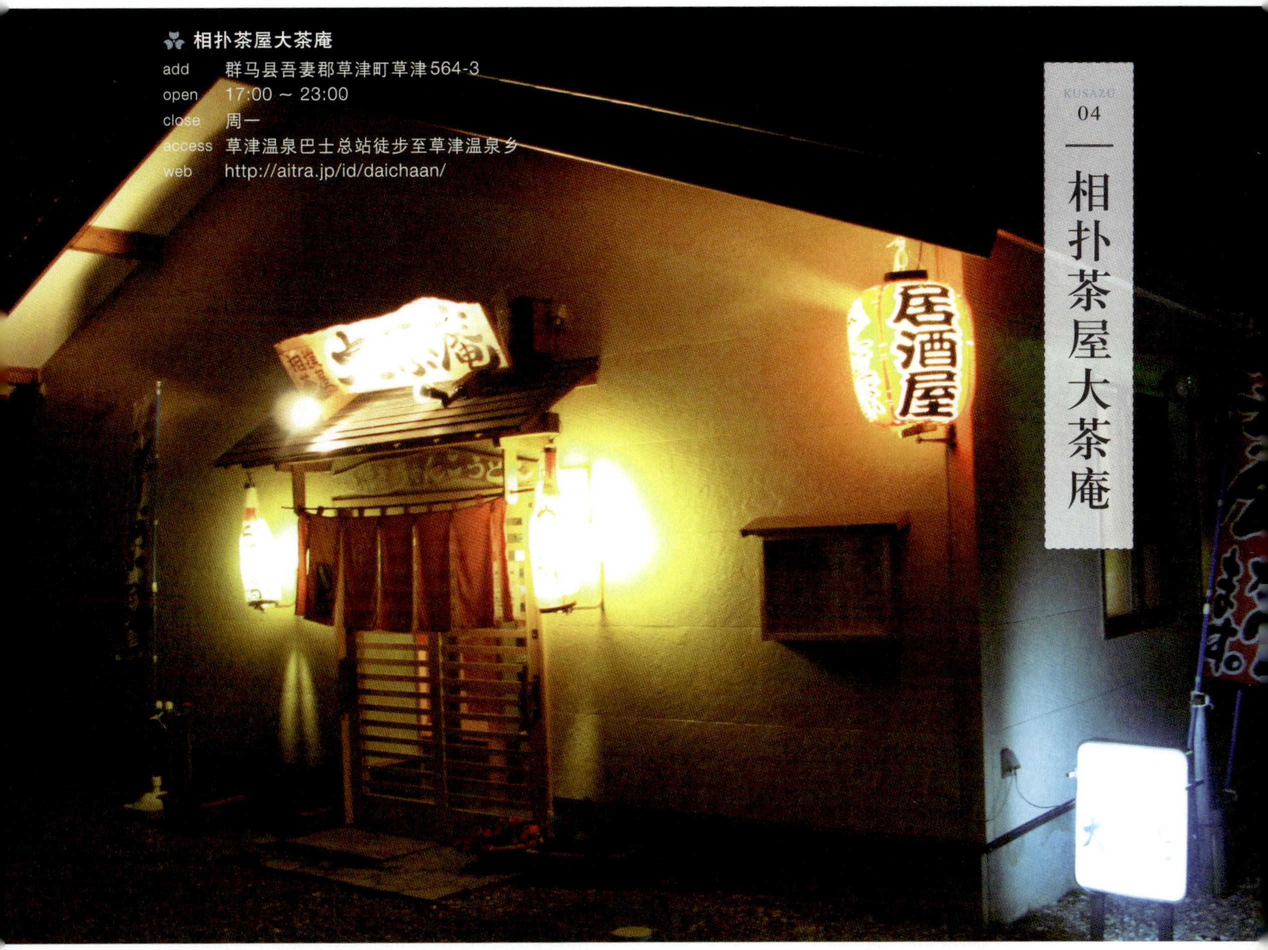

尝尝巷弄里的相扑锅

不在温泉旅馆吃饭，反而多了更多机会去探访周遭有趣的餐厅。就在住宿的饭店附近，有一间非常地道的居酒屋。开设的地点显然不是针对观光客的，而以当地居民为主。

这间叫作“相扑茶屋大茶庵”是以日式串烧为主的居酒屋，招牌菜则是“相扑锅”（ちゃんこ锅）。相扑锅以前指的是相扑选手常吃的一种锅料理，主要以卷心菜、白菜、手捏肉丸和鸡肉为主，吃完以后，还习惯用汤底加入米饭煮成稀饭杂炊，或者放入乌冬面煮成汤面，让人感到相当饱足。

招牌菜相扑锅

推

丰盛的日式串烧

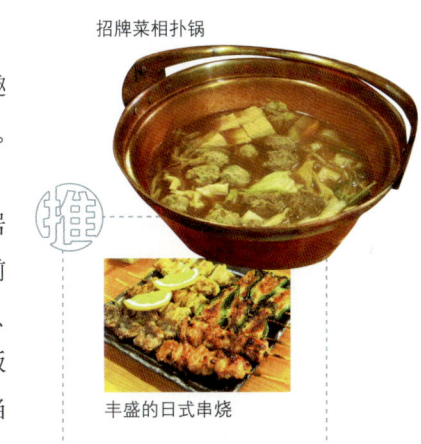

近畿

ISE

三重 伊势

三重县
伊势市

交通资讯

电车

▶ 行驶路线：

① JR大阪 —JR大阪环状线→ 鹤桥 —近铁 阪伊乙特急→ 伊势市
行驶时间 1小时59分钟

② JR名古屋 —JR快速みえ→ JR 伊势市
行驶时间 1小时33分钟

▶ 票券购买：

① 当地JR各车站
近铁阪伊乙特急非JR系统，故不可使用JR PASS

② JR PASS（外国观光客可利用）

详细购买、价格与使用方式，请参考官方网站
http://www.japanrailpass.net/zh/zh001.html

永恒，伊势神宫

"为了每二十年一次的迁宫，
伊势神宫四周种满了高级桧木。
宫殿拆迁后的木材，会运往全国各地，
让需要木材的神宫或神社利用。
一种信仰的行为，
其实暗喻着环保与新陈代谢的循环。
真正的永恒，不是海枯石烂。
真正的永恒，是不断的新生。"

接触日本旅游和文化的人，应该都听过松阪牛肉和伊势海老（龙虾），可是很少人知道这两样名产出自日本三重县。如果你真的喜欢日本文化，喜欢到日本旅游，那么你必须知道三重县在日本人的心目中有着多么举足轻重的地位。

ISE
01
夫妇岩

情感的种种试炼与考验

　　三重县伊势市附近有一段美丽海岸，拥有一个令人好奇的地名，叫作"二见浦"。既然有二见，那么在这附近是否尚有一见或三见呢？答案是，没有。关于二见浦地名的由来，有几种说法。一种是说，见到了这片灿美的景色，忍不住再回首去看第二眼，因而得名。另一种则是根据历史上的记载，在千百年前，负责寻找祭祀"天照大神"的最佳地点（也就是现在伊势神宫所在地）的皇女倭姬来到此地后，深受美景感动，特地沿着伊势神宫的五十铃川，两度来到下游的伊势湾口看海，因此得名二见浦。

　　由于距离伊势神宫很近，自古以来，二见浦就成为人们前去伊势神

宫参拜的中转站。前一天傍晚抵达二见浦，在这里停泊一晚，净身洗涤疲惫以后，翌日清晨，再精神抖擞地前往神宫，以最纯净的心，朝圣日本皇室祭祀的最高之神：伊势神宫天照大神。

二见浦沿岸有一处名胜：夫妇岩。两块靠近岸边，浮出海面上的岩石，一大一小，之间以粗麻绳牵系住彼此，是相依相伴的夫妇象征。

旅人来到夫妇岩，多半是为了欣赏夫妇岩的日出。每年的春天到夏天，早上日升时刻，太阳便会从两块岩石中升起，成为二见浦的壮丽奇景。够幸运的话，天气好的时候，甚至还能从夫妇岩这里眺望到远方的富士山。许多爱好摄影的旅人会特地在前一晚留宿二见浦，为的是能在翌日清晨抢拍夫妇岩日出的景象。

在夫妇岩旁有一座"二见兴玉神社"，供奉的是猿田彦大神、宇迦御魂大神和绵津

女孩们在二见兴玉神社祈求好运

人平安回到家了，心是否也回来了？

见大神龙宫社。神社里主祭的是猿田彦大神，为祈福的人们保佑着开运招福、合家安全与交通安全。而宇迦御魂大神则是"稻之灵"的食粮之神，祝愿人间的食衣盛产，不虞匮乏。

离开夫妇岩，我不自觉地再回首。眺望着海水拍打的夫妇岩，不禁想着，夫妇岩之间为什么需要一条套索的麻绳呢？是姻缘的线、一种约束，或者羁绊？如果没有了有形的牵系，彼此是否也不会分离？那浪潮，千百年来不停拍打着夫妇岩，也许正是险恶的现实对情感的种种试炼与考验。

【青蛙的象征】
日文中"蛙"的发音和"回程"相同，故有平安归返家（家庭）的象征意义。

夫妇岩・二见兴玉神社
add　三重县伊势市二见町江575
access　JR二见浦站下车徒步15分钟
　　　　JR伊势市站前搭乘鸟羽方向巴士．
　　　　约20分钟在夫妇岩东口下车
web　http://www.amigo2.ne.jp/~oki-tama/

● 天之岩屋（天の岩屋）
add 三重县伊势市二见町江575
open 自由参拜
access JR二见浦站下车徒步15分钟；
JR伊势市站前搭乘鸟羽方向巴士
约20分钟在夫妇岩东口下车
web http://www.amigo2.ne.jp/~oki-tama/

ISE 02 天之岩屋

日本开天辟地的古神话

在前往夫妇岩的路上，入口处有另外一座名为"天之岩屋"的神社。天之岩屋对日本人来说是不陌生的典故。因为在日本开天辟地建立的古神话里，天之岩屋是一处重要的故事场景。

日本神话里有三个重要的神明，他们出身于同一家庭，分别是掌管大海的素盏鸣尊、掌管月亮的月读神和有太阳神之称的天照大神。原本三人各司其职，但后来素盏鸣尊逐渐松懈己职，刻意挑衅天照大神，犯下许多恶行，最后天照大神被骚扰到愤怒得决定躲起来。这一躲，从此无人掌管太阳，世界一片漆黑。而天照大神躲起来的岩洞，就是"天之岩屋"。不过，因为是神话，经过后人的诠释总有许多版本和说法。因此，日本称作天之岩屋的地方也不止一个。二见浦夫妇岩旁的岩屋，便是相传天照大神的匿身处之一。

二见浦和亭朝日馆

ISE 03

看夫妇岩日出最方便

二见浦的沿岸有许多旅馆,历史悠久的老旅馆不在少数,朝日馆便是其中一所。朝日馆顾名思义,就是看夫妇岩日出最方便的旅馆之一。从朝日馆徒步到夫妇岩,大约不到八分钟即可抵达。沿着二见浦海岸建筑的朝日馆,所有房间几乎都能看到海景。在宽敞的和式房间里,海景,就是房间里最美的一幅画。

朝日馆有两百八十年的悠久历史,当年昭和天皇曾经在此下榻过"云井之间",因而闻名。虽然经过现代化的改建,但在现代化的室内设备中,仍保留不少历史性的装潢,处处都能在细节中发现时间的光辉。

在房间享用以海鲜和牛肉片涮涮锅为主的晚餐,当然非常饱足。不过,更令我惊艳的是早餐的用餐环境。在木造别馆的宴会场享用早餐,气氛加倍,让精简却美味的早餐更加诱人了。特别推荐早餐的自助式烤鱼,以及用龙虾脚熬煮的味噌汤,让旅人一早就精神百倍,带着幸福的满足感,准备出发去伊势神宫参拜!

🍃 **朝日馆**
add　三重县伊势市二见町茶屋228
access　JR二见浦站
web　http://www.asahikan.jp

🍃 **二见浦**
access　JR伊势市→(JR快速みえ)→JR二见浦

朝日馆内部传统木造建筑

在客房内享用海鲜与牛肉涮涮锅

早餐自助式烤鱼

ISE 04

永恒，伊势神宫

伊势神宫
add 　三重县伊势市宇治馆町1
open　5:00～18:00（1月～4月＆9月）
　　　5:00～19:00（5月～8月）
　　　5:00～17:00（10月～12月）
access　JR伊势市一站前巴士站，
　　　搭乘往"内宫"方向巴士，至伊势神宫内宫
　　　约15分钟
web　http://www.isejingu.or.jp

拾阶而上就是神宫正殿

二十年一次的再生仪式

在三重，有个地方号称是日本人一生一定要来参拜一次的神宫。那里仿佛象征"日出国"日本的一种精神与信念。历史、当下与未来，不可能重叠的时间，在这里终于交汇——伊势神宫。

伊势神宫的正式名称是"神宫"，分内宫与外宫。外宫祭拜丰受大神，就是相传掌管食粮、衣食与居家的产业之神；内宫祭拜天照大神，是日本的太阳神。伊势神宫之所以重要，因为天照大神乃日本皇室的祖先神，也是日本神明的最高层次，所有神祇的总氏神。供奉天照大神的神宫之所以坐落在三重伊势，传说是当年天皇派皇女去寻找最适合的地方，最后神明显灵指示，伊势地灵人杰、物产丰荣，是最想居住的地方。

伊势神宫作为保佑日本的精神象征，已有两千年的历史。而最为人津津乐道的特殊文化习俗，当属伊势神宫每二十年一次的"式年迁宫"仪式。每隔二十年，就会将桧木手工打造的宫殿全部拆除，搬迁到现址附近的新基地上，重新打造一座一模一样的宫殿。这样的"式年迁宫"仪式从公元 690 年开始，每二十年循环一次，已经持续了一千三百多年，在 2013 年举行了第六十二回。

伊势神宫枫叶林与小溪流

初次听闻这样的做法，觉得不可思议。不断破坏能够成为文化古迹的东西？不只是建筑，连正殿里供奉的御装束、神宝等 800～1600 样宝物，也会重新打造。究竟为什么要这么做呢？

当我听取伊势神宫专业导游"伊势观光案内人"的解说后，终于明白这样的仪式不是破坏，更不是徒劳。一千三百年来，每二十年一次的迁宫，象征了一种"永恒"与"再生"的精神。正因为这样的传统，被称为"唯一神明造"的神宫手工建筑技法，以及打造宝物的精致工艺，才得以在每一代人手中流传下来。这不只展现了日本人深层的民族精神，也是全世界绝无仅有的文化。

为什么是二十年一次呢？说法众多。其中一种说法是古人认为人的一生童年、青壮年到中老年，大约每二十年是一个阶段。

为了每二十年一次的迁宫，伊势神宫四周种满了高级桧木，以供给需求。正因为必须使用大量的木材，日本人从过去就开始学着让水土保持最佳状态，在造林计划中，种植出质量优良的桧木。

至于宫殿拆迁后的木材，会运往各地，让需要木材的神宫或神社利用。一种信仰的行为，其实暗喻着环保与新陈代谢的循环。

散步在伊势神宫里的我，不断想着这世界变化得如此迅速，有多少东西不断被淘汰被忘记呢？欧洲的世界遗产，纵使留下了千百年前的石造遗址，但多半是残缺不全的。在断垣残壁中寻找的永恒，其实只能从残迹里去凭吊、去想象。

伊势神宫手水舍

唯有伊势神宫的永恒是不老的。表面上看起来每二十年就会被翻新一次，永远无法成为历史古迹，实质上的精神却凌驾了那些遗迹。你真真实实看见古老的技术，感受到职人的传承，以及为了维护和固守一种信念的力量。伊势神宫是历史、是现在进行式，也是未来式。

真正的永恒，不是海枯石烂。真正的永恒，是不断的新生。

伊势神宫木造鸟居：布满青苔的传统屋瓦

雨中伊势

除了供奉天照大神的内宫，我们还去了祭祀丰受大神的外宫。清晨落着细雨的伊势神宫，意外地别有风情。雨将停而未停，远方环绕的山岚，缓缓簇拥起这块神选之地。穿过鸟居，踏上桥梁，嗅闻到了空气中淡淡的桧木香气。沾着雨，游荡在充满层次感的空气里。走在通往神殿的碎石子路上，听着自己的步伐和雨滴的声音交错着，洗涤的心灵升起一股沉淀后的宁静。

每一座神殿都拾阶而上。于我而言，这是超越宗教的。感谢天地照顾之情，其实也会懂得感激身边的因缘际会，珍重人与人的相逢。

晴天的神宫，天高地远，视野辽阔，令人感受到一股带着悠长历史的存在感。而清晨下着雨的神宫，使人更专注于此时此刻的瞬间。雨中伊势，人在神宫，听觉细腻了起来，视觉也刷出细致的解析度。

虎丸外观

ISE
05

河崎虎丸居酒屋

伊势的厨房

留宿在伊势的这一晚，夜里去了伊势河崎町上的虎丸居酒屋。充满历史风情的河崎，自古以来便有"伊势的厨房"之美誉，因为这里总有许多新鲜的水产，餐馆总能烹饪出美味的创意料理。

虎丸开在一幢已有一百二十年历史的石屋里。经过改造，大致保留了原先的建筑风格，灵魂则换装成居酒屋。店内特殊的室内装潢，把日本居酒屋里自在的气氛，传递得相当彻底。

如果不预约，恐怕吃不到虎丸的美味。食材卖光后就停止营业的虎丸，对自家的鱼料理特别自豪。有趣的是，菜单上甚至明明白白地写着："不点鱼料理的客人，我们不欢迎"。想一想，靠近掌管食粮之神的伊势神宫，这些餐馆或许还真有理由充满自豪感。

有了一点生活历练，懂得咀嚼出生命里清淡的美，或许才能懂得伊势的美。

晴天也好，雨天也好，大人味的伊势，都有深刻的表情。

盐烤鱼料理（上）；鲜煮鱼料理（下）

虎丸
add 三重县伊势市河崎2-13-6
open 17:00～22:30
close 周四
（店长觉得鱼货不佳时会临时休息）
access JR伊势市站
web http://tabelog.com/mie/A2403/A240301/24000592/

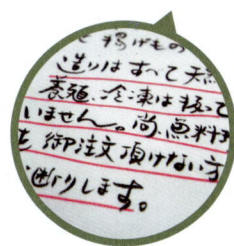

菜单上注明"不点鱼料理的客人，我们不欢迎"

ISE 06 — 厄除町赤福

江户风情的热门甜点店

伊势神宫外的"厄除町"是一处充满江户时代风情的商店街,聚集了许多老食堂和茶馆,以及贩卖当地小吃和名产的商家。其中,又以"托福横丁"最为热闹,重现了从江户时代到明治时代的气氛。在仿古的建筑中品尝伊势的著名美食,比如这天中午拜访的"海老丸",就让人一饱伊势海鲜的美味。此外,还可以欣赏神恩太鼓表演或参观相关的文化历史馆。

清晨的厄除町和托福横丁,商家才刚刚挂上门檐上的暖帘,一日营业,从现在开始。散步在人烟稀少的商店街里,显得悠闲自在,流淌的时间仿佛都放慢了脚步。

"赤福"外观　　清晨店家挂上暖帘准备开始营业

　　在厄除町有间和菓子老铺，是参拜伊势神宫的旅人必定会前来一尝的热门景点，那就是"赤福"。1707年创业迄今，赤福已有三百多年历史。所谓的赤福饼，其实是一种红豆麻薯类的和菓子，但特别的是它不是将红豆馅包裹在麻薯里，反而是用红豆泥去包嚼劲十足的白麻薯。

　　坚守甜味本分的红豆泥，在感觉就快要过甜的刹那，又退回警戒线，是一种低调的甜。赤福还卖"善哉"，也就是浓红豆汤。除了赤福本店，也可以在邻近的五十铃茶屋和式榻榻米空间里优雅享用。

　　对伊势的印象，是传统而古老。即使是商店街也如同托福横丁那样的复古。但事实上，外宫附近的街道上原来有不少时尚的新兴咖啡馆和小酒吧，还有一些生活杂货店。或者，利用老建筑更新而成的餐厅，经营的都是当地的年轻人，很有潮流感。

🍃 **赤福本店**
- add 　三重县伊势市宇治中之切町26
- open　5:00～17:00
- access　JR伊势市→站前巴士站
　　　　搭乘往内宫方向巴士，至伊势神宫内宫
- web　http://www.akafuku.co.jp/index.html

🍃 **五十铃茶屋**
- add 　三重县伊势市宇治中之切町30
- open　8:00～17:00
- access　JR伊势市→站前巴士站
　　　　搭乘往内宫方向巴士，至伊势神宫内宫
- web　http://www.isuzuchaya.com/

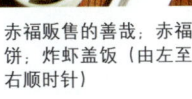

赤福贩售的善哉；赤福饼；炸虾盖饭（由左至右顺时针）

「海老丸」丰盛的伊势海鲜套餐

近畿

OOSATSU
MATSUSAKA

三重

相差・松阪

三重县
相差町・松阪市

交通资讯

①**电车**

▶ 行驶路线：
JR大阪 —JR大阪环状线— 鹤桥 —近铁 阪伊乙特急— 鸟羽
行驶时间2小时13分钟

②**巴士**

▶ 行驶路线：
鸟羽站前，从鸟羽巴士中心
搭乘カモメバス国崎线至相差站下车
行驶时间2小时13分钟

▶ 票券购买：
当地各车站
近铁不可使用JR PASS

海女的故乡

"笑脸迎人，说话爽朗，
是海女的共通特色。
在这里吃上一餐，
不只营养满分，
也受到她们的笑颜鼓舞，
精神抖擞了起来。"

　日本三重县沿海地区，有一群以捕鱼为生的女人，叫作"海女"。她们以古早流传下来的特殊潜水捕鱼技法，从年轻时就靠捕鱼为生，即使年迈，仍不离海水。

　这样的海女在伊势志摩地区有一千三百多人，背负起一家的经济重担。在家里她们是人妻，也扮演着母亲的角色；在海边，每当她们拎着木篮从木船上投身海水中时，就化身为跟海搏斗、与水共生的女强人。

海女亲自烧烤新鲜海产

伊势神宫
add 三重县伊势市宇治馆町1
open 5:00～18:00（1月～4月&9月）
　　 5:00～19:00（5月～8月）
　　 5:00～17:00（10月～12月）
access JR伊势市一站前巴士站，
搭乘往"内宫"方向巴士，至伊势神宫内宫
约15分钟
web http://www.isejingu.or.jp

OOSATSU
MATSUSAKA
01

海女小屋

走进海女的世界

关于海女，从前就在旅游节目里看过，没想到这次拜访三重县竟有机会亲访海女的故乡，十分幸运。在鸟羽市内名为"相差"的小町，海女仍过着捕鱼女的生活。因为特殊的文化，近来也吸引了不少旅人造访。

在"海女文化资料馆"里可以一窥海女的历史，走进海女的世界，了解海女是如何穿着特殊的传统白色服饰，利用特殊的捕鱼工具，潜入海水悠游自在地捕鱼。说是潜水，海女们从古到今都是不佩戴氧气筒的。一气呵成遁进水里，再度探出头来时，竹篮里已是满满的贝类鱼虾。

捕上岸的海鲜怎么处理呢？还用说吗？当然是吃掉啦！如今在相差町，有几家可以让旅人体验海女文化的同时品尝美味海鲜的"海女小屋"。一个

 推荐料理

午餐（1小时30分钟）
费用：一人约3500日元
成行最少人数：四人
料理内容包含：螺、蛤蜊、海贝、一夜干
海胆饭、蟹脚麻薯味噌汤等当季海产
伊势龙虾或鲍鱼需另外计算

简餐（1小时）
时间：上午10点或下午3点
费用：一人约2000日元
成行最少人数：四人
料理内容包含：茶、麻薯、烧烤贝类等当季海产
伊势龙虾或鲍鱼需单点，另外计算金额

海女小屋：相差KAMADO（かまど）
add　三重县鸟羽市相差町
open　预约制（两日前）
access　JR鸟羽站前，从鸟羽巴士中心
　　　　搭乘カモメバス国崎线
　　　　至相差站下车，约50分钟
tel　059933-7453（日文）
web　http://www.toba.or.jp/amahut/
　　　template_05/cool_01/index.html

Sunrise Tour
http://www.jtb-sunrisetours.jp/
JTB.SunriseTours/frontend/tour.
aspx?TariffCode=NGOONG400

人只要花3500日元（最少四人成行），就可以到海边的小木屋里，品尝海女阿姨亲自为你烧烤的新鲜海产。

　　骑着自行车，在微凉却阳光正好的中午，我来到一家位于岩壁旁的海女小屋。屋外望去就是一片辽阔的大海蓝天，屋里则是两位上了年纪却元气饱满、笑声不断的海女阿姨。笑脸迎人，说话爽朗，是海女的共通特色。在这里吃上一餐，不只营养满分，也受到她们的笑颜鼓舞，精神抖擞了起来。

　　由于相差海女小屋较为偏远，预约窗口暂时不提供个人自由行旅客的中英文服务，建议参加Sunrise Tour的小团体行程。这行程费用20000日元，从名古屋站出发，行程除海女小屋，还包含伊势神宫和珍珠岛。

骑车环游"相差"小町

炭烤刚捕获的贝类

神明神社入口数个鸟居　神明神社供奉的慈母石神

OOSATSU MATSUSAKA
02
神明神社

最了解女人心的慈母石神

海女的工作其实相当危险且伤身。既然是在大自然中讨生活，也希望祈求老天爷的庇佑。一直以来，守护海女的就是相差町上这座有"石神桑"昵称的"神明神社"。

神明神社里供奉的慈母石神，是海女的信仰支柱，日积月累，成为最了解女人心事的神明。最了解女人的毕竟还是女人。渐渐地，保佑海女的慈母石神成为女性专程前来祈福的庙宇。相传在这里祈福的女性会特别受眷顾，愿望实现的比例也相对提高。

女人都在慈母石神前祈求什么呢？爱情仍是大宗。最近有不少以"愿望之旅"为主题的女性游客，到了三重县除了参拜伊势神宫，来海女小镇和神明神社也成为热门景点。

神社前几个女孩们上前祭拜，男孩子们却止步了，说："这是专为女人祈福的神明。"是吗？然而，在我看来，在慈母石神的耳边旋绕着的那些女人愿望，藏在海风里的声音，男人更应该聆听。

象征海女的幸运符号石头

传说摸了慈母石像前的大树可实现愿望

🔸 **神明神社**
add　二重县鸟羽市相差町1237
access　鸟羽站搭乘かもめ巴士往国崎方面车程约35分钟，在相差站下车步行7分钟即可抵达
web　http://www.toba.gr.jp/101/post_288.html

🔸 **鸟羽市**
access　从伊势站搭乘近铁山田线至宇治山田站转近铁鸟羽线约15分钟抵达

OOSATSU MATSUSAKA 03

— 松阪肉牛共进会

松阪牛选美大会

除了海鲜，最让三重县扬眉吐气的，就是赫赫有名的"松阪牛"。一年一度的"松阪肉牛共进会"，其实就是松阪牛的选美大会。在这个活动中，会从预选的五十头入围者当中，选出"松阪牛中的松阪牛"。

每一头牛都会站上舞台，让专业的评审根据松阪牛的良好标准，判定出其价值。

过去最高的标价出现在2002年的优秀赏一席，价钱是5000万日元！是的，你没看错，一头松阪牛竟然要5000万日元。在松阪肉牛共进会的会场上，还提供现场烤肉场地。买了一旁贩卖的牛肉以后，就可以在这里烤来吃。这种户外集体烤肉的光景，在日本可是很少见呢！大家都超级开心。

既然来到松阪牛的故乡，如果没吃到松阪牛就回家，岂有颜面见江东父老？于是特地来到松阪市内的"和田金"。和田金创业于百年前的明治年间，悠久的历史，可想而知牛肉的质量跟老铺名声成正比。如今和田金拥有牧场，严选牛种，号称整个牧场共有两千头牛，以自家的畜牧方式培育出品质优秀的松阪牛肉。

这次来和田金，品尝的是一个人9240日元的松阪牛寿喜烧。内容除了牛肉，还有寿喜烧应有的配菜，十分丰盛。滑嫩的牛肉蘸上蛋汁，在咬下的刹那，外皮柔顺的质感，带着弹性深陷进深处，彻底感受到松阪牛极致的鲜美。肉质的底蕴，在滑过喉头的瞬间，终于散发出身为牛肉最灿烂的光辉。

松阪肉牛共进会准备参加选美的牛群

松阪牛寿喜烧主餐

松阪牛寿喜烧配料

🔸 **松阪牛 和田金**
add　三重县松阪市中町1878
open　11:30～20:00
access　从三重县津市搭乘JR快速みえ抵达松阪约49分钟
web　http://hp-mie.net/wadakin/

近畿

鸟羽

三重 TOBA

三重县
鸟羽市

新干线

▶行驶路线：
① JR大阪 —JR大阪环状线— 鹤桥 —近铁 阪伊乙特急— 鸟羽
行驶时间2小时13分钟

② JR伊势站 —近铁山田线— 宇治山田站 —近铁 鸟羽线— 鸟羽
行驶时间15分钟

▶票券购买：
当地车站
近铁不可使用JR PASS

走进水族馆，
感应心灵的回归

"在水族箱前，
一个人静静看着水中生物的游动，
好像原本动荡的生活也渐渐能
找到像鱼在水里流动的规律。
原来，水族馆不只是认识海洋世界的入口，
也隐藏着一枚将自己情绪归零，
重新思索的按钮。"

我的朋友曾经告诉我，旅行的时候他很喜欢到水族馆。问他为什么，他回答："你不觉得逛水族馆，有治愈身心的效果吗？"就算只是站在大大的水族箱面前，看着各种鱼群游来游去，也会觉得烦躁的身心安定了下来。这是他的结论。于是从那以后，原本对水族馆不能说热爱、但也没有特殊感情的我，忽然间，对水族馆这个地方产生了不可小觑的崇敬。

TOBA 01 —— 鸟羽水族馆

难得一见的人鱼

于是，当我踏进三重县的鸟羽水族馆时，也很难忘记我和朋友的这段对话。想想也是，我们住的这颗星球与其说是地球，不如说是水星。在太阳系里唯一一颗拥有大量流动水分的星球上生活的我们，身体也是由水构成的。纵使我们离开了水，在陆地上生活着，其实潜意识里仍不自觉地想念着海洋。所以，走在水族馆里，看见那些泅泳的鱼，自己的身体仿佛也默默感应到了某种心灵的回归。

占地广大的鸟羽水族馆自然也拥有这股神奇的力量。能够在水族馆里获得情绪沉淀的人们，必然很欣喜来到这里。这座水族馆有十二个主

儒艮特写

题展区，从哪一个主题馆开始逛起都有不同的趣味。其中，鸟羽水族馆最为自豪、人气指数最高的，莫过于"人鱼之海"主题馆。只有在鸟羽水族馆才能看到的"人鱼"，是珍贵的海兽，正式的名称是儒艮，是海牛目当中的一个分类。

儒艮很可爱，笨重的身躯，在水里游动起来却很自在。可是这副又笨又胖的样子，说起来实在不怎么美，当初为什么会被误认为人鱼，甚至得名为美人鱼呢？我站在人鱼水族箱前，实在很难想象。

海象亲近观众的现场表演，是鸟羽水族馆的另一个卖点。在训练师的指示下，海象从水族箱里跳跃而出，缓缓走向表演台，做各种逗趣的表演。第一排的朋友总是提心吊胆，因为身形巨大的海象要是一个转弯，一个吐水，就有可能扫到大家！

在水族箱前，一个人静静看着水中生物的游动，好像原本动荡的生活也渐渐能找到一种如鱼在水里流动的规律。两个人的时候呢？隔着水族箱，视线穿过水，在海底生物之间看到彼此的刹那，那似远实近的距离，好像也似一则预言。

原来，水族馆不只是认识海洋世界的入口，也隐藏着一枚将自己情绪归零，重新思索的按钮。

在训练师的指示下做出各种逗趣动作的海象

模拟日本河川深度饲养的淡水鱼种

🐟 鸟羽水族馆
add　三重县鸟羽市鸟羽3-3-6
open　03月21日～10月31日 9:00～17:00
　　　07月20日～08月31日 8:30～17:30
　　　11月01日～03月20日 9:00～16:30
access　鸟羽站
web　http://www.aquarium.co.jp/hantai/index.html

101

高处鸟瞰鸟羽湾

TOBA 02 — 鸟羽湾与珍珠岛之旅

MIKIMOTO 的故乡

离开鸟羽水族馆后，沿着湾岸就可以散步到当地的另一个景点，珍珠岛。原来，鸟羽是世界上最早的养殖珍珠生产地，也是知名的日本珍珠御木本的故乡。1893年，御木本幸吉在三重县鸟羽创立了世界上第一个人工养殖珍珠的园地。在这座珍珠岛上的博物馆里，馆方人员会详细地导览，告诉你天然珍珠如何形成。也会通过各种模型和影片，展示人工养殖珍珠如何培育出珍珠。

在博物馆中，我亲自参与了珍珠价值的判定。根据光泽、珍珠母层的厚度、大小、形状等因素，决定到底是不是一颗优质好珍珠。而挑选珍珠，即使在这个高科技的时代里，仍必须依赖人工，凭借专业眼光来筛选。经过加工以后，每一颗珍珠都被赋予了幸福感，在收藏的人心底闪烁着对自己有着特殊记忆的光。

在博物馆园区里，有个地方是只免费开放给外国人进场的休息区。如果是日本人进来，还要花钱呢。这地方除了可以休憩，最重要的是在一排窗户前，可以欣赏到定时表演的海女作业演出。

【珍珠】
珍珠其实是一种叫作贝蛋白的蛋白质和多层碳酸钙结晶组成的，至于特有的光泽则是贝蛋白和有机物质当中的色素、折射照明的光线形成的。

珍珠岛
add　三重县鸟羽市鸟羽1-7-1
open　1月至3月、11月 8:30～17:00
　　　4月至10月 8:30-17:30／12月 9:00～16:30
access　鸟羽站
web　http://www.mikimoto-pearl-museum.co.jp/

海女实际作业的景象

新鲜鱼头及生鱼片

鸟羽海滨温泉酒店大厅

三重县时令食材日式套餐

TOBA 03 — 鸟羽海滨温泉酒店

壮阔海景与温泉巡礼

靠近鸟羽水族馆的"鸟羽海滨温泉酒店"是这次住宿的地方。酒店距离鸟羽车站和附近的观光景点都不远，要去伊势神宫也很方便。鸟羽海滨温泉酒店建于鸟羽湾，自然得以从饭店里一览辽阔的海湾景色。饭店共分成三大馆，汀馆、望馆和岬馆，客房共121间。每一栋大楼都设有温泉，分别是汀汤（汀馆）、风见汤（望馆）和岬汤（岬馆）。其中，望馆还有提供租借的私人（家族）汤屋。

客房里的晚餐，依照三重县当季的新鲜食材，烹调出色香味俱全的日本料理。从餐前酒、前菜、各种配菜、主食、锅、汤与甜品等，一桌秉持日本料理标准菜色的丰盛晚宴。

饭店的大厨，特别在席间跟我打了招呼。大厨对创作很有兴趣，问了不少我关于写作的问题。其实厨师也是一门高超的创作，尤其日本料理，不仅要照顾食物的口感，还要在颜色搭配与食材摆盘上下功夫，是口感与视觉的双效合一。第二天的早餐，则是前往餐厅享用欧式自助餐。所幸早餐也没令人失望，选择多样的美食，搭配窗外海景，一天的旅行，就从此刻振奋了起来。

✓ 鸟羽海滨温泉酒店
add　三重县鸟羽市安乐岛町
web　http://www.tobaseasidehotel.co.jp/

✓ 鸟羽湾渡轮游船（鸟羽渡船口）
add　三重县鸟羽市鸟羽1-2383-51
web　http://www.shima-marineleisure.com/

三重县时令食材海鲜拼盘

近畿

名张·伊贺

三重

NABARI IGA

三重县
名张市·伊贺市

交通资讯

电车

▶ 行驶路线：
① JR大阪 —JR大阪环状线— 鹤桥 —近铁 阪伊乙特急— 名张
行驶时间 1小时9分钟

② 近铁名古屋 —近铁 名伊乙特急— 伊势中川 —近铁 阪伊乙特急— 名张
行驶时间 1小时54分钟

▶ 票券购买：
当地车站
近铁不可使用JR PASS

溪谷森林，影子传说

"人生的每一个小接点，
大概都是这样的。
当时你以为不会再有关系，
可是有一天你才发现，
什么小事情都有了连结与后续。"

离开伊势往西边走，会进入三重县的名张市。这里有个叫作"赤目四十八瀑布"的地方。在关西旅行期间，抽出两天一夜前往名张市的赤目，在距离上是很棒的安排。名张市不只有山林溪谷和瀑布，也有天然温泉，恰恰适合这样的安排。

走进通往瀑布的小径，深刻感受到三重真是个得天独厚的世外桃源。是一次在自然景观的溪谷之间森林浴的散步。

赤目四十八瀑布

来一趟森林浴旅程

顾名思义,赤目四十八瀑布就是整条长达四公里的山溪,共围绕着四十八个瀑布。全部走完大约需要一个半小时,是一趟充满丰盛自然景观的森林浴旅程。在散步路线里呼吸着清新的空气,沐浴在凉爽的气温中,耳边旋绕着溪水哗啦啦的声音,让过度深陷都市生活中的我们有了一次换气的机会。

走进赤目四十八瀑布之前,有不少温泉旅馆,其中最值得推荐的是"对泉阁"温泉旅馆。我非常推荐这里的丰盛午餐,午餐中以当地名产"牛汁"最特别。牛汁是用和风酱油调味三重伊贺牛,加入葱花、洋葱、海带、生姜等当季蔬菜熬煮而成,清爽可口,十分下饭。

赤目四十八瀑布最特别之处在于溪水和山径的曲折,让人得以从不同的高度和角度去观赏瀑布。每一座瀑布从迥异的角度去观看时,感受都不同;眼光不同,感受也起了变化。

在瀑布散步步道跟博物馆的入口之前,有一条不长却充满特色的小商店街。这里聚集了几家商店,卖的都是当地的特色名产。例如第一家上田屋,卖的是手工制作的赤目泷草饼。类似草饼的质感,里面包着红豆馅,老先生五十年来每天都能捏出上百个草饼来,早已等同赤目四十八瀑布的玄关,是每位旅人上路前不忘一尝的美味。还有一家卖"忍者汉堡"的店家,是去年研发出来的新产品。用上好的三重牛肉和猪肉混合制成,充满弹性的口感,是路上的充饥良伴。

走到底,有间由八十二岁的高

"对泉阁"温泉旅馆餐点　　"牛汁"的丰盛午餐

龄老婆婆经营的"忍者福笑门",亦是赤目名物。这里卖的是七种不同口味的人形烧,造型几乎就是店主老婆婆的模样。老婆婆精神爽朗,笑声洪亮,热情好客,怎么看也不像已有八十二岁了。

离开前,老婆婆坚持要送我一盒七种口味的人形烧。正当我心底佩服着"老婆婆真厉害啊",一整盘外观看起来都一样的人形烧,果然只有职人才能轻易分辨。没想到,老婆婆抬起头来,尴尬地对着我笑:"我忘记哪一个是哪一种口味了,怎么办?"哈哈哈!老婆婆真的好可爱。没关系啦,只要是婆婆做的,哪一种口味都好吃哦!

忍者福笑门店主——充满元气的老婆婆

踏入赤目四十八瀑布以前,我一直以为是第一次来。但当我见到瀑布的刹那,忽然想起,其实早在多年前就与这里有过第一次缘分。

2004年台北金马影展,我看了一部日本电影,就是以赤目四十八瀑布作为故事拍摄背景的。这部改编自作家车谷长吉的直木奖获奖小说《赤目四十八瀑布殉情未遂》的同名电影,原著小说在得奖当时由于禁忌的内容,成为日本当时的热门话题,故事的呈现手法相当压抑,因此电影和小说都有些冷门。我从来没有刻意计划要前往这个拍摄地点,没想到有一天竟然会亲身探访。

人生的每一个小接点,大概都是这样。当时你以为不再有关系了,可是有一天你才发现,什么小事情都有了连结与后续。这种不可知的重逢,想来就觉得有趣。

忍者汉堡宣传海报　　忍者福笑门人形烧

赤目泷草饼

🍃 **赤目四十八瀑布（赤目四十八泷）**
add　三重县名张市赤目町长坂861-1
web　http://www.akame48taki.jp/

🍃 **赤目对泉阁温泉旅馆**
add　三重县名张市赤目町长坂682
web　http://www.akameonsen.com/

漫画家松元零士打造的忍者列车

伊贺流忍者博物馆

NABARI IGA 02

忍者的秘密基地

三重县伊贺市是忍者的故乡，想更深入认识忍者的秘密，体验忍术的厉害，就向伊贺出发吧！忍者有众多派别，三重县伊贺市的忍者被称作"伊贺流"忍者，和他们齐名的是在滋贺县甲贺市的"甲贺流"忍者，堪称两大忍者派别。

搭乘由漫画家松元零士操刀打造的忍者列车，从伊贺神户站转车到伊贺上野，这里就是忍者的秘密基地。伊贺上野有一座忍者博物馆，巨细靡遗地展示了忍者的相关事物、来龙去脉和神秘忍术，可以说是忍者的正宗殿堂，也是完全破解忍者机关的地方。

忍者的精神是以守代攻，主要以情报搜集为行动目的，非必要时不出手，有点类似间谍的性质。因此，在忍者的住宅里可以看到屋子里藏着很多机关，万一有敌方闯入，

不同造型的忍者飞镖

忍者使用的相关道具

伊贺流忍者博物馆

add   三重县伊贺市上野丸之内117-13-1
open   9:00～17:00
close   12月29至01月01日
         （每月另有公休日，详见官方网站）
access   名张→（近铁大阪线·伊势中川行）→伊贺神户→（伊贺铁道伊贺线）→上野市
web   http://www.iganinja.jp

忍者体验广场现场表演忍者绝技

可以让忍者轻易藏进不被发现的地方，同时还能偷看、偷听敌方状况。不得不还击时，屋里有许多角落都可以变出武器来。例如在不知道哪一片地板之下，用力一踩，木板翻转起来，下面就藏着锋利的大刀。

忍者体验馆和忍者传承馆则展示着忍者的相关文物。伊贺忍者跟其他忍者派别最大的不同在于擅长火药的制造。此外，这里还陈列着超过四百件的飞镖道具。传承馆更以科学的方式解说忍者器具，借此了解忍者如何发挥生活的小智慧。

最后也是最吸引外国观光客的重点，就是有趣的忍术体验广场了。由真正练过忍术的忍者家族，在广场上为大家表演忍者功夫。看着忍者身手矫健的跳跃，真刀实弹的对决，似乎每个男孩幼年的梦想在烟雾里又缓缓重现。要是真的有忍者的轻功该有多好呢？

忍者布偶攀爬在月台梁柱上

近畿

NACHI KATSUURA
那智胜浦
和歌山

和歌山县

电车

▶ 行驶路线：
① 往和歌山

大阪 —JR大阪环状线— 天王寺 —JR阪和线快速— 和歌山
行驶时间 1小时27分钟

② 往那智
和歌山 —JR特急 くろしお— 串本 —JR纪势本线 新宫行— 那智
行驶时间 3小时16分钟

▶ 票券购买：
JR PASS（外国观光客可利用）
详细购买、价格与使用方式，请参考官方网站
http://www.japanrailpass.net/zh/zh001.html

熊野古道山林之旅

"远离嘈杂都市，
在境内肃穆的气氛中，
仿佛更靠近了那一个，
不武装的自己。"

和歌山的那智胜浦，通常和串本、太地、新宫等地方划为同一旅游区。来到这里，就来到日本本州地区的最南端了。日本人皆知的世界遗产"熊野古道"的入口之一，正是位于和歌山的那智。

既然为古道，可想而知，那智的风景就是和歌山的宝藏。被太平洋环拥的这一带，渔产丰富，以鲔鱼和鲸鱼闻名；而丰富的温泉地，更造就了那智胜浦的观光业。

NACHI KATSUURA 01

熊野古道

带着便当上山去

有日本第一瀑布圣地之称的"那智瀑布",以大门坂作为起点。而从大门坂开始到那智瀑布的这段石阶路,就是步行熊野古道的一段行程。

什么是"熊野古道"呢?简单来说,熊野古道其实是一条从古到今的寺庙参拜路线。这条路串起了"熊野三山"(熊野本宫大社、熊野速玉大社、熊野那智大社三大神社总称),因此对日本人来说,举头望见的草木,皆有崇高的宗教意义。从古代到中世纪,无论是退位的天皇家族或普通老百姓,都会沿着这条山路去熊野参拜,仿佛沐浴在天然环境里,也能获得神灵的庇佑。

在熊野古道众多的参拜路程之中,以"中边路"路线最为热门。其实现代日本人对于宗教的信仰已经薄弱了许多,但穿梭在百年参天古树之间,依然吸引着向往健康森林浴和文化洗礼的人特地前来,人潮络绎不绝。

大门坂是那智山灵场的入口,而真正石坂阶梯路的起点,则以八百年树龄的"夫妇杉"迎接朝圣者。整条石坂阶梯构成的山路两侧,几乎都是杉木林。一路爬着山路确实会累,但走在参天的大树下,空气非常清新,吹来的风也格外凉爽,即使疲惫也感觉舒畅。

过去在这条熊野古道上朝圣的人,都会穿上当地一种特殊的平安衣装,如今,大门坂附近也有专门出租服装的店家"大门坂茶屋",满足观光客的体验需求。另外,喜欢盖纪念章的人也一定能在古道上找到乐趣。一路上,在固定地点都设有戳印纪念章的据点。纪念章被收纳在专用的木屋里,要打开小门,才能看见印章,非常可爱。

熊野古道的山路比想象中好走,经过整理的步道十分平缓,并不特别让人觉得是在爬山。沿途所见,在不同的转角迸现的迥异视野,时而压迫,时而辽阔。

带了便当上山,中午时分就在古道上的休息站里享用。便当购自和歌山川汤温泉的大村屋民宿,用传统的竹条编出简易的便当盒,将饭团和小菜装在里面,风情独具。

把和歌山大村屋民宿的饭团便当带上山吃

🔵 **熊野古道**

add 如果选择中边路路线,请由JR那智站下车入山。亦有其他路线入山,请参照官网

web http://www.wakayama-kanko.or.jp/worldheritage/kumanokodo-course/

熊野那智大社
- add 和歌山县东牟娄郡那智胜浦町那智山1
- open 自由参拜（正式参拜8:00～15:30）
- access 搭乘往新宫方向
  特急オーシャンアロー号
  スーパーくろしお号
  从京都出发约3小时50分钟
  从新大阪站出发约3小时20分钟
  到纪伊胜浦站下车
  转乘熊野交通巴士约30分钟可抵达
- web http://www.kumanonachitaisha.or.jp

NACHI KATSUURA 02 —— 熊野那智大社

　　作为信仰中心的源头，直到今天前来熊野大智神社朝圣的人仍络绎不绝。当然，撇开信仰不谈，喜好登山、崇尚自然风光或对历史文化有兴趣的旅人，也不在少数。一般人来到这里，通常就是在正殿前参拜，不过这次有幸走进不开放给观光客的神社里，更感受到洗涤心灵的肃穆气氛。

　　熊野大智神社供奉的吉祥象征是乌鸦，仔细看矗立在神社前的一尊乌鸦雕塑，可不是普通的乌鸦！这只名为"八咫乌"的神鸟，有三只脚。而该社贩卖的御守自然也以此为发想。

日本第一落差瀑布

　　从那智大社可远观和歌山知名的那智瀑布。133米落差的那智瀑布，有"日本第一落差瀑布"的名号。那智瀑布是当地飞泷神社的正体，在瀑布下有一座神社，引瀑布的水，汇成一处可让人饮用的"延命长寿泉水"，据说喝了就能延年益寿，看起来更年轻。

熊野本宫大社正门　八咫乌邮筒

熊野本宫大社
NACHI KATSUURA 03

罕见的熊野造建筑

熊野本宫大社建于1889年，从踏进大门开始，就能感受到庄严的气势。姑且不论宗教意义，欣赏寺院的建筑形式也是乐趣之一。大社的建筑设计被称为"熊野造"，是日本少见的建筑形式。色彩视觉上保留了当年中国唐朝建筑的影响，呈现出一片简洁且素雅的景致。

熊野本宫大社的吉祥物，是一只有三只脚的乌鸦"八咫乌"。大社里贩卖的御守或纪念品，多数以这只象征神力的乌鸦为主角，就连境内的邮筒也特别做成了黑色，上面站着振翅飞翔的"八咫乌"，非常特别。

八咫乌玩偶

熊野本宫大社入口

🔵 熊野本宫大社
add　和歌山县田边市本宫町本宫1110
open　9:00～17:00
access　JR纪伊田边站→纪伊龙神巴士
　　　→熊野本宫大社/JR新宫站
　　　→熊野交通巴士或奈良交通巴士
　　　→熊野本宫大社
web　http://www.hongutaisha.jp

【八咫乌】
日本神话中神武东征时，受高皇产灵神和天照大神之命，为神武天皇带路的乌鸦。被视为太阳的化身，特点是有三只脚。

NACHI KATSUURA
04

大斋原

日本最大鸟居

其实熊野本宫大社最初的地点，并不是现在的位置。1889年以前，熊野本宫大社的原址是在熊野川、音无川、岩田川汇合处的中洲"大斋原"上，因为19世纪末遭受了一场大洪水的破坏，才决定改建到现在这处地势较高的地方。

目前大斋原几乎只剩下一片空地，只有在过去建筑基地之处，设有象征性的祭祀据点。比较有看头的地方，是在进大斋原之前的巨大鸟居。"大斋原鸟居"约有33.9米高，是日本现存最大的鸟居。

◎ 大斋原
add　和歌山县田边市本宫町本宫1
open　自由参拜
access　JR纪伊田边站→纪伊龙神巴士→熊野本宫大社/JR新宫站→熊野交通巴士或奈良交通巴士→熊野本宫大社
web　http://www.hongu.jp/kumanokodo/hongu-taisya/ooyunohara/

NACHI KATSUURA
05
― 熊野速玉大社

● 熊野速玉大社
add　和歌山县新宫市新宫1番地
open　自由参拜
access　JRきのくに线或JR纪势线→新宫站，徒步15分钟
　　　　或从新宫站搭巴士到权现前站下车
web　http://kumanohayatamataisha.com

日本第一大灵验所

　　和歌山境内最重要的三座神社，除了熊野本宫大社、熊野那智大社，还有并列为"熊野三山"的熊野速玉大社。

　　社殿的建筑风格相当简洁，以朱红色的梁柱为主色，据说是受到当年大唐长安建筑风格的影响。仔细看着建筑的一景一物，确实感受到跟其他神社不同，混合着日本和风跟大唐佛家的色彩，呈现出独有的风情。

　　来到速玉大社时是清晨，走进殿内，接受洗涤身心的祈福仪式。在这间素有"日本第一大灵验所"美誉的大社，我其实在乎的并非灵验与否，而是境内肃穆的气氛让思绪沉淀下来了。远离嘈杂都市，在肃穆的气氛中，仿佛更靠近了那一个，不武装的自己。

交通安全御守

NACHI KATSUURA 06 神仓神社

神仓神社
add 和歌山县新宫市神仓 1-13-8
open 自由参拜
access JR 新宫站徒步 15 分钟
web http://www.shinguu.jp/modules/guide/index.php?lid=34

五百阶陡坡石阶

　　神仓神社建在一块山顶的巨石旁，传说那块巨岩有熊野的神明降临并加持。走到参拜的社殿之前，必须先经过一段长达五百阶以上的陡坡石阶，仿佛暗示着不经一番寒彻骨，哪得梅花扑鼻香的意义。

　　这里我不是第一次来了，当然两次到访，都得爬着又多又陡的石阶走到山顶。不过，沿途能欣赏到愉悦的风景，而且边走边和同行朋友聊天，并不觉得辛苦。

　　在石阶上总能看到不少年长者。他们爬行的速度比我还快，可见身体之好，恐怕我还比不上。住在附近的居民每天都会来爬山，到了山顶的神仓神社再下来，一天来回好几次的也大有人在。说是参拜神社，其实也是运动。身体变得健康，是神明的保佑，也是运动的成效。

NACHI KATSUURA 07 —— 和歌山仙人风吕·川汤温泉

古道周围的秘汤

温泉是和歌山的特色之一。由丰富的地形特质发展出来的观光区域各具特色，唯有到和歌山才能体验的日本温泉亦不在少数。例如位于田边市本宫町的仙人露天野汤、川汤温泉和汤之峰温泉乡，就是名闻遐迩的温泉名汤与秘汤聚集的宝地。喜欢到日本泡汤的人，绝对不能错过这一带。

和歌山的川汤温泉最大的特色，是一片以溪流为泉源的温泉野汤。看似与一般无异的溪水，其实只要拿起铲子，往浅浅的河床挖一挖，就会神奇地冒出温热的温泉水来，是非常特殊而有趣的体验。可别小看这从细碎石子里冒出来的温泉，这可是货真价实的热泉。一不小心，就可能会被烫到哦。所以，必须搭配一旁清澈凉爽的溪水中和一下水温才行。

川汤温泉的泡法分夏天和冬天。夏天时，大家会用铲子在清凉的溪水河床上，铲出热泉水来，然后用碎石子围成露天温泉池。冬天时则会由周边的旅馆同业，共同挖掘出一个大露天池，大家穿着泳裤、泳衣就可以直接享受泡野汤的乐趣了。大家泡过野汤吗？这应该是我的第一次！而且还是从溪水中掘出的温泉，更是新见识。

寒冷的冬日，身体浸在仙人风吕的温泉中，视野中从远到近尽是青葱群山，让人倍感心旷神怡。如此贴近大自然的露天野汤，那辽阔的景色是再高级的温泉饭店也没有的。

去熊野古道健行时，带到山里休息站享用的美味御饭团便当，就是由川汤温泉乡的大村屋温泉民宿手工制作的。除了外卖便当，大村屋也提供食宿。

大村屋温泉套餐。一泊二食，每人 8400～9450 日元。

川汤温泉夏季露天温泉池

◎ 川汤温泉
add　和歌山县田边市本宫町川汤温泉
access　纪伊田边站→（龙神巴士，往本宫大社前方向）→川汤温泉
web　http://www.hongu.jp/onsen/kawayu/

温泉蛋烹煮区

汤之峰温泉

NACHI KATSUURA 08

一起来煮温泉蛋吧！

距离川汤温泉乡不远，同样是在田边市本宫的温泉名汤，还有一处名为"汤之峰温泉"的地方。比起川汤温泉，汤之峰的温泉旅馆更密集。温泉溪水两侧尽是旅馆，又以民宿旅店居多。

虽然规模上无法与草津或银山这类知名温泉乡相比，但此地更有本土风情。外国观光客不多，也少了千篇一律的土产纪念品店。取而代之的是没有过度商业化的，真真切切的心灵休憩场域。

我特别喜欢这种传统且极具日本风情的温泉乡。古色古香的木造民宿旅馆，溯着温泉溪水两旁而建，彼此之间，偶有架起的石桥联络溪水两侧。时而左侧，时而右侧的乡间散步，差点以为自己是在拍《来去乡下住一晚》（日本综艺节目），等等就要敲门问民家今晚能否借宿一晚了呢。

汤之峰温泉乡里有一处煮温泉蛋的地方。小时候去台北的新北投温泉时，记得也有煮温泉蛋的据点，所以在汤之峰看见时，觉得非常怀旧。在正方形的池子周围有钩子可以把一袋温泉蛋挂着，浸在高达92度的泉水里，不一会儿就熟了。

从热气氤氲的池子里取出温泉蛋，在与北投温泉相仿的硫黄气味里吃起来，好像又回到了爸妈带着还是小男孩的我，踏进北投温泉乡游玩的那一天。

🔘 汤之峰温泉
add　和歌山县田边市本宫町汤峯
access　纪伊田边站→（龙神巴士，往本宫大社前方向）→下汤の峰
web　http://www.hongu.jp/onsen/yunomine/

NACHI KATSUURA
09

世界遗产秘汤「壶汤」

一次只能一人份

汤之峰温泉有公共浴场，除了在自己投宿的民宿里泡汤，也可以到公共浴场泡汤。而就在公共浴场旁，有个被列为世界遗产的秘汤，名为"壶汤"（つぼ汤）。壶汤的特殊之处是利用天然岩地形打造出来的小汤屋，温泉池真的就像是小茶壶，一次只能容纳一到两人。

壶汤的位置也相当特殊，几乎是建在溪水中央，等于是在溪水中特别将这个温泉小池围起来，建出一个小汤屋。在这个小小空间里独享温泉，是很不可思议的感受。

自从列为世界遗产以后，来访的日本人也变多了。每次一组人限时二十分钟，要先到公共浴场的售票处付款，再到壶汤门外排队依序等候。周末排队人较多，建议最好是平日来。

无论是仙人风吕所在的川汤温泉，抑或是壶汤所在的汤之峰温泉乡，都展现出日本温泉大国的多样性。想避开观光客过多的温泉观光景点，探访乡间的名汤与秘汤，记得将和歌山田边市的本宫町列进下一回散心时的口袋名单。

● 汤之峰"壶汤"
add　和歌山县东牟娄郡本宫町汤峰
open　6:00～21:30
access　JR纪势本线新宫站→熊野交通巴士往"汤の峰温泉"方向车程约1小时15分钟
web　http://www.hikyou.jp/wakayama/yunomine/tubo/tubo.html

炸鲔鱼排料理

Bodai 炸鲔鱼排

NACHI KATSUURA 10

鱼皮料理

bodai
add　和歌山县东牟娄郡那智胜浦町筑地 5-1-3
open　11:00～13:30/17:00～22:30
close　每周二
access　纪伊胜浦车站前
web　http://r.gnavi.co.jp/c273200/

那智胜浦鲔鱼美食

　　那智胜浦是日本捕获鲔鱼的重要港口之一，来到这里寻找以生鲜鲔鱼作为食材的餐厅，好好吃一顿，当然是不可错过的行程。位于纪伊胜浦车站前的 bodai 是很特别的一间餐厅，有别于多数吃鲔鱼的店家，都是类似居酒屋的形式，bodai 的内装像是一间咖啡馆。这里贩卖的餐点也充满了年轻又新鲜的创意。

　　比如，我从未吃过的炸鲔鱼排，就令人惊艳万分。所谓的鲔鱼排，可不是把整个鱼片拿来炸熟，而是只在表皮炸出一层如同炸猪排般的酥松面皮，但是在表皮之下的鲔鱼肉，仍保持着生鱼片的状态，所以你既能吃到炸物的口感，又能享用到生鱼片的美味。这道炸鲔鱼定食（トロカツ定食，1500 日元）也是该店人气第一的料理。

近畿

NANKIKATSUURA TAIJI
南纪胜浦 太地

和歌山

和歌山县

交通资讯
电车
▶ 行驶路线：
① 往和歌山

大阪 —JR大阪环状线— 天王寺 —JR阪和线快速— 和歌山
行驶时间1小时27分钟

② 往纪伊胜浦

和歌山 —JR特急くろしお— 纪伊胜浦
行驶时间2小时40分钟

▶ 票券购买：
JR PASS（外国观光客可利用）
详细购买、价格与使用方式，请参考官方网站
http://www.japanrailpass.net/zh/zh001.html

鲸豚路过温泉湾

"好想要养一只海豚哦！
实现不了愿望的我，
最多也只能摸一摸了。
只是海豚摸起来很硬，
忽然觉得看起来温驯的海豚们，
原来个个都是硬汉！"

和歌山的南纪胜浦温泉，美在大自然海天一色的景致，大海与小岛，交织成一片美丽风情。更特别的是，许多知名的温泉饭店，都坐落在这些半岛或小岛之上。

于是，去住宿的酒店时，就得先从码头搭着小渡轮，才能抵达岛上的酒店。比如号称全日本最大的温泉度假饭店"浦岛饭店"，几乎是沿着半岛的地形，盖出一栋栋的客房，同时又利用岛上天然的地形，将各种泉质的温泉导入饭店的设施之中。

KATSUURA TAIJI 01

浦岛饭店

特别推荐！ 天然洞窟外汤

浦岛饭店盖在南纪胜浦海边一条狭长的山丘半岛上，是关西规模最大的温泉度假酒店。从1956年开业以来，不断增建客房，迄今已经成为拥有八百多间客房，能容纳三千五百人同时住宿的大饭店。除了本馆，还分成渚馆，日升馆，山上馆等。

其中，山上馆位于海拔80米的山顶上，搭乘连接本馆的 Space Walker 手扶梯才能抵达。这条长达154米的室内登山电梯，从起点开始，要花5分45秒才能抵达终点。馆方人员陪我们搭乘电梯时，特别提到印象最深刻的事情，就是看见台湾游客在搭电梯时，喜欢拿着相机对两侧的镜子自拍。每个人都很开心，让他们觉得很可爱。馆方的人从来没想到，电扶梯两侧的镜子原来也有娱乐的效果呢。

饭店共有七座温泉，包括忘归洞、泷之汤、玄武洞、矶之汤、遥峰之汤、渚汤和天海之汤。每一座规模不同的温泉，都有不一样的泉质。住在浦岛饭店，最大的娱乐就是温泉巡礼！去尝试每一个温泉的感觉有何不同。

浦岛稻荷神社

酷似南非好望角的景致

其中最值得推荐的是忘归洞。忘归洞是浦岛饭店里最特殊的温泉，沿着天然洞窟建成，拥有能够望见太平洋日升月落的绝佳景色。其次是玄武洞，也是利用天然洞窟建成的温泉，景色略逊忘归洞一筹，但泉质比忘归洞更佳。

从山上馆散步，可以通到一个名为狼烟山的庭院。如果论浦岛饭店所在半岛上的最佳观海地点，一定要走到这里。在庭院内有一座稻荷神社，附近的展望台可以看见360度环海全景。同行的日本伙伴说，他曾经去过南非的好望角，觉得与这里的景致很神似。

🌀 浦岛饭店（ホテル浦岛）
add　和歌山县东牟娄郡那智胜浦町胜浦1165-2
access　JR纪伊胜浦站步行约5分钟
web　http://www.hotelurashima.co.jp/

©hotelurashima

KATSUURA TAIJI 02 ——环游纪松岛

绝美的海天景色

在和歌山的南纪胜浦温泉，也就是浦岛饭店所在地的港口周边，有几座小岛散布在不远的海上，形成一片绝美的海天景色。其中有几个相较之下较大的岛屿，泛称为纪松岛。游客可以搭乘特别的游览船，穿梭在纪松岛之间，感受海上风情。

纪松岛周围大大小小的岛屿，包括骆驼岩、狮岛、洞窟鹤岛和山成岛……环游纪松岛之旅的游览船路线，分成 A 和 C 行程。

A 行程由观光栈桥搭船出发，海上环游纪松岛，抵达鲸滨公园（鲸鱼博物馆）、最后再回到观光栈桥（大人 1500 日元，孩子 750 日元）。也可以选择到鲸滨公园后就下船，不回原先上船的观光栈桥（依照上下船不同地点，大人 400 ～ 1100 日元、孩子 200 ～ 550 日元）。

C 行程不包含鲸滨公园，同样由观光栈桥上下船（大人 1100 日元，孩子 550 日元）。游览船的时间最早早上八点左右，最晚到下午四点多。所有航班都可以从浦岛饭店搭乘，因此，如果投宿浦岛饭店，也可以请教饭店详细的时刻表。

在这个 1 小时 55 分钟的环纪松岛行程（以 A 行程为例）中，可以见识到更多和歌山南纪胜浦的好山好水。前一晚投宿在浦岛饭店里泡过的天然洞窟汤，例如忘归洞，从游览船上远远望去，才明白原来是多么特殊的外汤地形。

🟢 **环游纪松岛**
add　纪伊胜浦观光栈桥
open　8:30 ～ 16:10
close　不定休
access　JR纪伊胜浦站徒步10分钟
web　http://kinomatsushima.com

从海湾上远眺浦岛饭店

KATSUURA TAIJI 03

太地鲸滨公园

鲸豚的故乡

在太地"鲸滨公园"下船以后,当然不能错过鲸鱼博物馆。这是一个以鲸鱼和海豚为主的海洋公园。日本人自古以来有捕鲸、吃鲸的传统,而和歌山的太地,正是一座捕鲸之乡。

在鲸鱼博物馆的捕鲸船资料里,展示了各国的捕鲸文化和历史数据,传递出人与自然从来就是不可分割的依存关系。除了能够深刻了解鲸鱼习性和特征的鲸鱼博物馆,这里还有海洋水族馆,并且会定时推出海豚表演秀(9:30～15:15,一天4场,每场10分钟)。在离海豚非常近的距离看它,甚至还能触摸哦!

看了可爱的海豚以后,竟然升起一股"好想养一只海豚"的念头。

当然，那是不可能的。所以，我最多也只能上台摸摸海豚了。海豚摸起来很硬，原来看起来温驯的海豚们，个个都是硬汉呢！

刚刚看完鲸鱼，一走出鲸滨公园，走进一旁的餐厅，就是间专卖鲸鱼肉料理的餐厅了。

蘸橘子酱食用的鲸鱼肉

日本人向来有吃鲸鱼的习惯，这到底是对还是不对，一直是环保、经济、文化和政治各界人士各有立场，是一件很微妙的事。前阵子，因为一部西方的鲸鱼纪录片，让太地这个地方成为新闻焦点，吃鲸、捕鲸的问题再度浮上台面。

姑且抛开这些议题，事实上，三十多年前的日本，鲸鱼肉确实是很稀松平常的家常菜。但现在，一般餐厅根本吃不到鲸鱼肉，仅4%日本人常吃鲸鱼，高达53%民众根本没吃过鲸鱼肉。因为物以稀为贵，鲸鱼肉看似日本料理中的高级品，但其实吃过鲸鱼肉的日本人大多坦陈，鲸鱼肉并不好吃。

比如我到访的这间"花鲸"餐厅，虽然也有生鱼片形式的鲸鱼肉，但鲸鱼肉料理多半是经过油炸特殊处理的。比如做得像炸鱼排一样，再加上橘子酱吃。实在是因为鲸鱼肉肉质比较硬，很多人认为吃起来味道并不香。如今，捕鲸、吃鲸大概只是日本人在意识形态上希望保留下来，而不要失传的一种传统吧。

🟢 **鲸鱼博物馆**
（太地町立くじらの博物館）
add　和歌山县东牟娄郡太地町太地2934
open　8:30～17:00
access　JR太地站→转乘太地町营接驳巴士
　　　　→鲸鱼博物馆前站下车
web　http://www.kujirakan.jp

🟢 **花鲸**（花くじら）
add　和歌山县东牟娄郡太地町太地2906
　　　（鲸鱼博物馆旁）
open　10:00～15:00（16:00打烊）
close　不定时
access　JR太地站→太地町营接驳巴士
　　　　→鲸鱼博物馆前站下车
web　http://www.jre-abc.com

近畿

YUASA

和歌山 汤浅

交通资讯

JR 纪势本线・御坊行

▶ 行驶路线：
和歌山→汤浅
行驶时间 42 分钟

▶ 票券购买：
JR PASS（外国观光客可利用）

详细购买、价格与使用方式，请参考官方网站
http://www.japanrailpass.net/zh/zh001.html

和歌山县

探访日本酱油发源地

"观察着日本人是如何
坚持百年的手工精神，
让传统的技艺延续下去，
我确实感受到
汤浅酱油不只是一个商品，
更成了一种艺术。"

酱油在13世纪经由中国传至日本。最初是由在中国金山寺学艺的兴国寺的法灯国师，习得味噌的制作方式以后，将技术带回日本，首先就在和歌山县有田郡的"汤浅"上陆。汤浅在酿制味噌的过程中，提炼出美味的手工酱油，将酱油商品化以后，广受好评，奠定了"汤浅是酱油代名词"之美誉。

喜欢老街散步与人文历史的旅人，也会喜欢拜访"汤浅町汤浅传统的建造物群保存地区"。除此之外，汤浅的另一个旅游焦点，就是这座建在半山腰上的汤浅城，它是目前全日本唯一能够投宿的城郭。

角长酱油入口

YUASA 01
汤浅小镇

令人崇敬的"职人"生活

约400年前,在交通不方便的时代,许多住在远地的人就开始千里迢迢前来购买汤浅酱油。江户时代是汤浅酱油的全盛期,在幅员不算大的村落街道里,开设了92间酱油店。如今,虽然盛况不如百年前,依然保留了几间坚持手工酿造的酱油老铺,用百年酿造的秘方,一点一滴从手感的温度中,传递着味觉的艺术。

汤浅酱油的老铺主要集中在"汤浅町传统的建筑物群保存地区"。这一群受到保护的传统老木屋,占地约东西400米,南北280米,从16世纪开始的酱油酿造业,就是在此地发源的。来到这片建筑保护区,不仅能够探访百年酱油职人,光是散步在老街道当中,也像是穿梭进时光隧道里,别具风情。

一般观光客可以参观"酱油资料馆",了解汤浅手工酱油自古以来的酿造过程。而

汤浅町传统的建造物群保存地区

在酱油资料馆附近,有一间名为"角长"的酱油老店,是汤浅酱油的百年老店代表之一。创立于1841年的角长酱油,在店铺之外亦设有纪念馆(角长酱油纪念馆职人藏、角长酱油纪念馆职人藏新馆),展示当年酿造酱油时使用的器具及汤浅酱油的历史资料。

深入角长酱油的工厂内部,更加贴近酱油的制作现场。看着角长酱油制作工厂里,酱油酿造作业的流程,才赫然惊觉一瓶手工酱油的诞生,是多么耗费时间和工夫。每一滴酱油,真的都得来不易。

酿造中的酱油

● 角长酱油(酱油资料馆)
add　和歌山县有田郡汤浅町汤浅7
open　每周六(如平日,可事先商谈)
close　周日
access　JR汤浅站下车,徒步15分钟
web　http://www.kadocho.co.jp

汤浅金山味噌

YUASA 02

味噌中的经典

日本料理中不可缺少的味噌,其发源地之一亦是和歌山的汤浅地区。当我们说到味噌,相信谁都会认为这是日本特有的调味酱。然而奇怪的是,当我到了日本酱油与味噌的发源地和歌山汤浅以后,才知道日本人最早习得味噌的作法,也跟酱油的酿造一样,竟是来自中国镇江的金山寺。味噌制作过程最主要的材料是酿好的酱油,因此,当酱油和味噌的制作方式在13世纪经由大唐的金山寺传至日本和歌山以后,就开始在日本人专业研发的精神中,从汤浅发扬光大了。

在汤浅的老街上除了有许多酱油老铺,也有百年味噌。这次探访汤浅,特别参观了当地制造金山寺味噌、最负盛名的"金山寺酱酿造元太田久助吟酿"老店工厂,彻底观摩、了解汤浅手工味噌的制作过程。

金山寺手工味噌主要使用大豆、米、小麦,经过搅拌,加入调味料,同时放入米麹或麦麹,最后再放进木桶,经长时间发酵完成。坚持古老的手工制造方式,每一罐味噌在美味当中,也盈满了日本职人择善固执的精神。

金山味噌的吃法,最简单的就是挖一小瓢搭配热腾腾的白饭,打上一粒半熟的温泉蛋衬托味噌的口感,保住味噌的香气。同行的日本友人,味噌从小吃到大,也完全被金山味噌给迷倒了。在和歌山的高级饭店与餐厅里,料理中如果用到味噌,也一定会标榜是来自汤浅的金山味噌。

◎ 金山寺酱酿造元
太田久助吟酿
add　和歌山县有田郡
　　　汤浅町大字汤浅15
open　8:30 ～ 20:30
access　JR汤浅站下车
　　　　徒步15分钟
web　http://www.yuasa-
　　　daisuki.com/food/
　　　ootakyusuke.html

来去城郭住一晚

YUASA 03
汤浅城

来日本旅游常有机会参观历史名胜古迹，特别是类似大阪城这样的城郭建筑，多半是登高望远的好地点。但是你一定没想过，其实有机会住在里头！全日本唯一能够投宿的城郭，就在和歌山的汤浅。

最初的汤浅城建于大约一千年前，也就是公元1143年。几经战事破坏，在现存的城迹上重新改建，如今的汤浅城已经是钢筋水泥的建筑。即便如此，从外观上看来，仍有几分风韵。汤浅城的楼上为历史文物展示馆，有日本武士甲胄的展示，也有瞭望的展望台。因为地势高，能够将整个汤浅城一览无遗，和歌山的好山好水尽收眼底。

至于开放为旅人住宿的区域，共有27间和式房间、两间洋式房间。可选择一泊二食的行程，价格在8000～9000日元。当然，也可以选择只住宿。

一楼有温泉大浴场，住宿者可免费使用。这里的天然温泉是硫黄泉质，据说对慢性皮肤病、慢性妇科病、筋骨酸痛与关节痛，有相当好的疗效。晚上睡前，来到这里的大浴场泡汤，雾气氤氲中，看着窗外黑茫茫的夜色，忽然意识到自己是在城郭里泡汤呢！想想还蛮酷的！

汤浅城温泉大浴场

● 汤浅城
add　和歌山县有田郡汤浅町青木75
access　JR纪势本线汤浅站，转乘出租车约5分钟
web　http://www.yuasajyo.jp

SHIRAHAMA
和歌山 白滨

和歌山县

交通资讯

JR 特急 くろしお

▶行驶路线：
和歌山→白滨
行驶时间 1 小时 32 分钟

▶票券购买：
JR PASS（外国观光客可利用）
详细购买、价格与使用方式，请参考官方网站
http://www.japanrailpass.net/zh/zh001.html

浪漫的碧海蓝天

"站在阴冷洞窟里的栏杆边缘，
看着海水从远方探进窟内，
在日光里闪烁出奇特光芒，
同时听见急冽的风灌进洞穴，
发出神秘又诡谲的声音。
想着这万千年来缓缓改造而出的地势，
觉得时间这东西真是难以想象的巨大。"

木村拓哉迷一定都知道《Good Luck》这部经典日剧。在这部剧的最终回，场景拉到了风情独特的夏威夷海滩，碧海蓝天，微浪白砂，让人心神向往。你可能不知道，其实，那海滩的拍摄地点根本不在夏威夷，而是在关西和歌山白滨的白良滨海滩。

　　关西人没有人不知道白滨。白滨绝对是关西，甚至是全日本温泉度假胜地的代表。既有白沙湾海滩可戏水，又有天然温泉疗愈身心，特别是每到夏天旅游旺季，海水浴场开放后，沿着白良滨白沙湾腹地兴建的度假酒店和白滨市街上，弥漫着休闲又欢腾的气氛，就像是放大版的垦丁海滩。

三段壁断崖　　三段壁经年累积浪花拍打形成的海蚀洞

SHIRAHAMA 01

三段壁洞窟

熊野水军的秘密基地

白滨是一处半岛地形，周围被太平洋环绕，万千年来在浪潮拍打中，形成了许多奇特的地形。其中一处必访之地是"三段壁"洞窟。

三段壁分成外部悬崖和地下洞窟两个景点。从外在看来，三段壁是高 50～60 米的断崖，像是大海的屏风一样，挡在沿岸边，驻守着太平洋。站在断崖边眺望远方，景色非常壮观。至于三段壁的地下，则是深 36 米的洞窟。经年累月，在海浪与强风的侵蚀下，形成了许多造型迥异的海蚀洞。乘坐电梯，就能下到距离地表 36 米以下的地底世界。

站在阴冷洞窟里的栏杆边缘，看着海水从远方探进窟内，在日光里闪烁出奇特光芒，同时听见急冽的风灌进洞穴，发出神秘又诡谲的声音。想着万千年来，它们就是这样缓缓改造出这样的地势，觉得时间这东西真是难以想象的巨大。

据说，三段壁洞窟是日本历史上熊野水军隐身船舰的秘密基地，因此，洞窟内也展示了一些复原的文物。因为这些故事，让参观三段壁洞窟像极了一场探险。

● 三段壁洞窟
add　和歌山县西牟娄郡白滨町 2927-52
access　从 JR 白滨站搭乘明光巴士，在"三段壁"下车
open　8:00～17:00
web　http://sandanbeki.com

三段壁洞窟内部

和歌山夕阳百选名胜

有白滨象征之称的圆月岛,是被入选"和歌山夕阳百选"的观光胜地。这是一块落在白滨海岸线外的小岛,浮在水中央,很奇特的地势景象。

圆月岛中间有一块圆形海蚀洞。春分和秋分前后,每到日落时分,如果恰好站在正对着圆月岛的堤岸边,就有机会望到夕阳西沉的某一刻,太阳恰好被圆月岛中央的小洞镶住的美景。然而,即使无法目睹圆月岛和夕阳连成一线的盛况,只要能坐在堤岸边看着美丽的昏暮,已经足够满足。

在圆月岛堤岸边,有个泡足汤温泉的亭子,叫作"御船足汤"。夏末初秋,微凉的夕阳,双脚泡着温暖的足汤,欣赏染红的天际景致,不用说也知道,这里当然就是看圆月岛落日的最佳地点了。

SHIRAHAMA
02
—— 圆月岛的海蚀洞奇景

圆月岛中央的圆形海蚀洞　　御船足汤

● 圆月岛
add　和歌山县西牟娄郡白滨町
access　从JR白滨站搭乘明光巴士
　　　　在円月岛下车
web　http://www.nanki-shirahama.com/search/details.php?log=1332736052

- 南纪白滨 Glass Boat
- add 和歌山县西牟娄郡白浜町临海
- access 从JR白滨站搭乘明光巴士在円月岛下车
- web http://www.glasboat.com/

SHIRAHAMA
03

遇见海女
Glass Boat

与海亲密的瞬间

　　白滨海边的观光游艇，将日文名称翻译成英文以后是 Glass Boat。意思是游艇的船底设有一条长长的玻璃观景窗，游客可以透过这条观景窗，在游艇航行时，清楚看见水中游动的鱼群。对于无法在冬天浮潜或不善游泳的人来说，能够利用这种游艇窥见海中世界再好不过了。在游艇中能够见到这一带海域的鱼种，少说也有10种。观景窗旁贴着鱼种的照片，对照着实物来看，像是连连看游戏一样，颇有乐趣。

　　不过，当我们看着时，一条白色超级巨大的鱼，突然从观景窗外冒出来！天啊，也太大了吧。咦，还会跟我招手？不会吧！仔细一看，原来那不是鱼，而是"海女"。到三重县时，曾深入了解过海女这个日本传统的特殊职业，没想到在和歌山圆月岛搭乘观光游艇也能见到。其实，这里的海女算是"观光海女"，也就是特别由游艇安排的定时表演。纵使如此，依然乐趣不减。

游艇安排观光海女定时表演

138

SHIRAHAMA 04

Tore-tore 市场

海鲜料理的天堂

说起日本能吃到美味海鲜的市场，可不是东京筑地才有的专利。在物产丰隆的和歌山南纪白滨，就有一座名为"Tore-tore"的市场，号称是西日本首屈一指、最大的海鲜市场。在这占地约15000坪的卖场中，把来自日本全国各地的当季海产、土产干货都一网打尽。和歌山随处都有美味海鲜，不过，真正最新鲜、最丰盛的，就在此地。

Tore-tore 市场里有一处用餐区，提供许多人气海鲜料理。特别是各式各样的海鲜盖饭，光是看着菜单就让人垂涎三尺了。或者，你是个享受逛市场的旅人，可以在市场里选好鱼货，让商家处理一下，就能立刻带到户外炭烤区吃烧烤！国外旅客虽然不能把海产带回国内，但看见什么吃什么，立即满足海鲜的口腹之欲，可真是实践了所谓的及时行乐呢。

这次再访和歌山正值隆冬，跟随行的伙伴们围着烤炉，吃热腾腾的烧烤再好不过了！尤其是肥美的虾，果然现烤的就是不一样。当然，爱吃海鲜的人，不可能只把海鲜拿来炭烤，生鱼片也不会缺席。在市场里难得一见的"靴虾"（クツ海老）跟伊势虾，做成口感鲜美且充满弹性的生鱼片。不经过调味加工的生鱼片，更加展现出 Tore-tore 市场里贩卖的食材的鲜美，难怪皆有口碑。

Tore-tore 市场除了海鲜，还有贩卖和歌山当地土产、伴手礼的专柜，店家提供大方试吃，保证能挑到合口味的礼品。另外，特别推荐的是，市场门口外有一摊卖"蕨饼"（わらび饼）的店铺，千万不能错过！蕨饼可是本人的心头好呀！这里卖的蕨饼肯定是我吃过的前三名。撒上黄豆粉，一口咬下去像是介于布丁跟果冻、琼脂之间的口感，散发出蕨饼本身的香醇甜味，作为海鲜盛宴的味觉展演收场，是最好的一幕。

个人觉得最好吃前三名的蕨饼

● **Tore-tore 市场（とれとれ市场南纪白浜）**
add　和歌山县西牟娄郡白滨町坚田2521
open　8:30～18:30
access　JR白滨站前搭乘"白滨町循环巴士"，
　　　在"とれとれ市场前停留所"下车
web　http://www.toretore.com/tore/info.html

SHIRAHAMA
05
九绘亭

云纹石斑鱼大餐

在和歌山的众多鲜美海产中，南纪白滨地区以"云纹石斑鱼"最为出名。云纹石斑鱼的日文是"クエ"（kue），汉字写作九绘鱼，中国叫作褐石斑鱼。来到白滨，如果要吃海产，肯定不能错过这道圣品。

我们拜访的餐馆是位于 Hotel Seamore 旁的"九绘亭"纪州云纹石斑料理餐厅。在单独的榻榻米空间里，一整套丰盛的云纹石斑晚宴早已等在每个人的案前！餐前酒相当特殊，以云纹石斑的皮浸制而成。

云纹石斑的生鱼片跟一般常吃的生鱼片，口感大不相同。咬下去时能立即感受到韧性，又不至于难嚼。而将生鱼片捏成云纹石斑握寿

云纹石斑天妇罗
伊势海老

云纹石斑生鱼片

司时，随着米饭一起入口，整个肉质又十分顺口。煮成火锅以后，肉质富有弹性，滑嫩鲜美，蘸上醋酱汁，火锅果然是冬季大啖美食的王牌菜色呀！当然炸成我最爱的天妇罗，再度变身另一种口感，外皮酥脆，内在柔软，可谓双效合一的享受。

中国人习惯豪气地将一条鱼整条拿去烹煮，而西方人的餐桌上很少能看到鱼的原形，大多会将鱼身切成片做成鱼排，日本人则不会浪费掉鱼的各种部位。如此细腻、分门别类地以各种方式把一条鱼"分析"料理出一整套宴席，真的令人叹为观止。吃一条鱼的方法，多多少少也隐藏着一种民族的性格。

● 九绘亭纪州云纹石斑料理
（活纪州本クエ料理 九绘亭）
add　和歌山县西牟娄郡
　　　白滨町白滨1821
　　　（梅樽温泉 Hotel Seamore 旁）
open　11:00～15:00
　　　17:00～22:00
access　JR白滨站乘出租车约10分钟
web　http://www.kuetei.com

Hotel Seamore
add 和歌山县西牟娄郡白滨町1821
open JR白滨站搭乘饭店接驳车
13:30～17:30（每日五班次）
web http://www.japan-ryokan.net/hotelseamore/zh-TW/

用腌制纪州梅的木桶泡露天温泉

　　有家值得一访的温泉旅馆，南纪白滨的Hotel Seamore。前面介绍的南纪名产云纹石斑鱼餐厅与海中展望塔，都在这家酒店周围，不过，最迷人的仍是温泉，因为饭店设有特殊的"梅樽"木桶露天温泉，可以一边泡汤，一边从制高点享受整片辽阔的碧海蓝天。

　　Hotel Seamore的几个梅樽温泉木桶都采用露天温泉模式，地点和视野非常好，从清晨、白天、黄昏到夜晚，不同时间去泡汤，感受亦不同。除了梅樽木桶露天温泉，当然也有室内温泉池。毕竟天冷时，要走出室外去泡露天温泉，还是需要不少勇气的。

　　Hotel Seamore面海的客房，视野同样辽阔。床铺跟桌子紧邻大窗子，夜晚泡汤后，在这里喝茶聊天，或者清晨枕畔转醒之际，观赏和歌山独特的自然景致，这些都是大方附送。

　　早餐在餐厅里享用，座位也是靠窗面海的位置。除了热食，喜欢海鲜的人必然会钟爱菜单里的鲑鱼跟生鱼片。总觉得住酒店，附赠的早餐能够为酒店加分，毕竟一整天的行程，倘若能吃得满足，就是完美的开始。

　　从圣诞节到新年，一直保留下来的灯饰夜景，如今仍留在白滨海滩上。夜里，饭后来到这一片白沙湾上散心，游人不多，走在漆黑夜里闪烁如幻的灯饰之间，散发出来的气氛像是一座专属自己的游乐场。我和随行的伙伴都觉得这一幕充满了故事性。好像青春日剧里的场景，有什么桥段会在这里出现。

　　星空灯火，谈笑风生，白砂海潮，或许时时刻刻抱着期待改变的心情，下一页，就真的会出现关键性的转变。

【梅樽】
所谓的"梅樽"，是指腌制和歌山名产之一"梅干"的大木桶。经过处理后，将木桶改装成泡汤之用，导入天然泉水变成泡汤筒，让泡汤变得更有气氛。

白滨温泉武藏饭店

SHIRAHAMA 07

置身于梦幻海滩！

　　和歌山白滨住宿的武藏饭店，绝对能让人完全放松身心，暂时抛开繁忙的工作，彻底享受度假的幸福。武藏饭店位置超好，位于梦幻的白良滨海滩畔，出了饭店，就能步入白沙湾。即使不出饭店，窝在海景房或躺在浴缸里泡澡，一推开窗户，跃入眼帘的就是碧海蓝天。

　　武藏饭店分成"和邸、葵馆、楠馆、橘馆"四种客房，这次有幸入住的是在和邸客房中最高档的全海景房。一推开房间门，首先就是和式玄关与回廊，然后一路连接到榻榻米的和式客房。如果拉起中间的木门，可隔成两间，即使如此，空间仍然非常充分。紧接着是茶水间吧台，走到底还有一个西式的大客厅。

和式房间推开窗子，就能见到海景。更令人感动的是西式客厅圆弧形的落地海景窗，视野超棒。而浴室里的浴池也紧邻海景窗，一边泡澡一边看海，忽然感觉人生偶尔对自己奢侈一下也是道德的。一间好的饭店，除了硬件设施和位置要好，东西当然也要好吃。武藏饭店的餐厅是自助餐形式，

当季新鲜肉类

现烤干贝

我对饭店里的自助餐通常抱着既期待又怕受伤害的心情，因为自助餐可以做得精致，但一不小心也很容易变成饭店提供餐点最省事的方式。所幸，武藏饭店的自助餐无论在质或量上都令人满意。和歌山地产的当季食材，也会在料理中呈现。每年十月到次年三月，还可以吃到当地美味的泥石斑。

在自助餐餐厅享用的是早餐，至于晚餐，则是在客房里吃日式宴席。一整桌以当季食材烹制的精致餐点，色香味俱全。一直以为伊势龙虾要在伊势海域才能吃到，其实，和歌山周围也能捕获。龙虾肉质鲜美是必然的，有意思的是，为保持新鲜，生鱼片的盛装器具，是以冰块制成的。

时令食材烹煮而成的精致料理

● 纪州白滨温泉武藏（むさし）
add　和歌山县西牟娄郡白滨町868
access　JR白滨站搭乘饭店接驳车
web　http://www.yado-musashi.co.jp/ct/

近畿

KISHI MINABE

和歌山

贵志・南部

和歌山县

交通资讯

新干线・电车

①わかやま电铁贵志川线

▶行驶路线：
和歌山→贵志　行驶时间29分钟

②JR特急くろしお

▶行驶路线：
JR和歌山→南部　行驶时间1小时7分钟

▶票券购买：
①わかやま电铁贵志川线沿线车站
提醒：非JR系统，故无法使用JR PASS。

③当地JR车站（可用JR PASS）

跟猫咪站长说Hello！

"铁路原本只是用来运输的工具，
如今赋予了观光的创意，
思考铁路的存在意义
也不只是移动工具那么简单了。"

猫咪也能当电车站的站长吗？爱猫成痴的日本人，真的让这件事情发生了。这只叫作小玉的猫咪站长，每天都在和歌山市贵志川线的收票口，送往迎来每一个到访的旅客。别怀疑！小玉真的是和歌山电铁公司官方认定的站长，在它进驻的窗口上，真真切切挂着站长室的招牌呢。随着小玉站长的出现，贵志站每天都涌进大量人潮。而小玉站长也不负众望，每天精神抖擞地在专属站长室里，迎接旅客并与大家合影。

KISHI MINABE
01

到贵志站搭草莓列车

猫咪站长小玉坐镇！

小玉站长看守的这座车站，位于和歌山市贵志川线的贵志站。在贵志川线仍隶属于南海电铁公司的时代，这条铁道还只是条默默无名的地方电车线路，因为搭车的人不多，多年来始终惨淡经营。某天，邻近车站的小山商店饲养的猫咪生了小猫，这只猫就是现在人人皆知的小玉站长。

在和歌山电铁接替南海电铁经营贵志川线的时候，受到了小山商店的委托，希望能让小玉继续住在车站里。于是，为了让小玉成为和歌山电铁社员的一分子，和歌山电铁决定将小玉任命为"猫咪站长"。麻雀变凤凰，小玉就此变身成了小玉站长！

贵志川线几乎濒临废线的命运，因为和歌山电铁的巧思，让大家都知道这里有"草莓电车"。随着小玉站长的出现，如今拥有三辆改装电车，每天都涌进大量人潮。而小玉站长也不负众望，每天精神抖擞地在专属站长室里，迎接旅客并与大家合影。

2010年夏天，设计师水户冈锐治为小玉猫咪站长重建了新的贵志站，不仅有更漂亮的站长室，还有猫咪咖啡馆及贩卖周边纪念品的商店。这座崭新的车站，从正面看十分有趣，仔细观察一下整个造型，究竟像什么呢？没错，就是猫咪的脸！除了在小玉博物馆里可以买到小玉的相关商品，在贵志站的前几站"伊太祁曾站"也有专卖店。此外，伊太祁曾站还提供"小玉站长自行车"的租借服务，可以骑着自行车在周围游玩。贵志站则提供"草莓自行车"的租借服务。

铁路原本只是用来运输的工具，如今赋予了观光的创意，思考铁路的存在意义也不只是移动工具那么简单了。因此，除了将贵志站变成小玉车站，另外从和歌山市出发、通往终点站贵志站的贵志川线，也设计了造型可爱的三种电车，分别是小玉猫

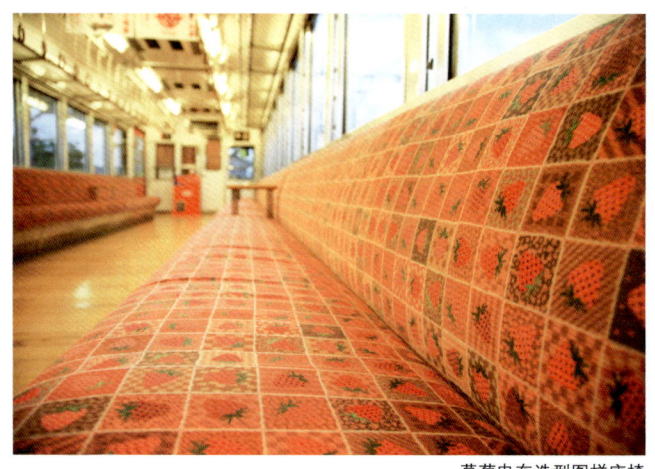

草莓电车造型图样座椅

眺望田野稻田群

贵志站猫咪咖啡店　草莓电车外观

咪电车、草莓电车和玩具王国列车。从此，不只吸引了爱猫咪的人特意前来搭乘，也一举掳获了铁道迷的心。

小玉站长的值勤时间，原则上是每天上午九点到下午五点。请特别注意，星期天它是不上班的哦！别特地前来却扑了个空。

我唯一担心小玉站长的一点是以前它到处流浪，现在却得每天待在站长室里，可不要因为缺乏运动，而变成又胖又困的加菲猫了呀！

◯ 小玉站长（たま駅長）贵志站
access　请见 http://www.wakayama-dentetsu.co.jp/access.html
web　http://www.amigo2.ne.jp/~oki-tama/

KISHI MINABE 02

纪州梅工厂初体验

纪州梅助产士

日本人常常喜欢在吃饭时或在御饭团里，放上一粒大大的梅子提味。这些梅子个头很大，制作方式不同，味道也大相径庭。其中，以"纪州梅"在品质与口感上最为出名。纪州就是和歌山的古称，而和歌山的"南部"（みなべ）地区，就是盛产纪州梅的地方。在和歌山的南部有许多纪州梅工厂，每年在梅树二月开花、六月结果以后，就会进入腌制过程。部分销售纪州梅的商家会开放他们的工厂，让游客体验腌制梅子的过程，相当有趣。

纪州梅的腌制，仍保留手工制作，且多以梅樽腌制。在这个大木桶里，以盐巴和梅子交错腌制，吃起来味道如同日本的渍物一样咸。传统的纪州梅多半又酸又咸，有时盐分竟多达20%。不过，近来因为考虑健康，开始生产低盐的梅子，也就是所谓的"甘口"。其中，最受欢迎的是加入蜂蜜的纪州蜂蜜梅。

既然特地来了和歌山南部，我自然也亲身去工厂体验了一下纪州梅的制作过程，好让大家有个谱，下次有机会来和歌山，别忘记来这里玩玩。首先进入工厂时，要戴上防尘帽。这防尘帽有人说像浴帽，但我怎么看，自己都好像是要进手术房的医生，而且不知道为什么，总觉得还是个助产士！

第一步，要从大桶子里将梅子取出来沥干。这些梅子每个都像是过着很富裕的生活，好胖！加上吸了水，重量非常可观。我拿起托盘时，差点没整个人跌进桶子里。要是掉进去，我想我可以为自己的一生写下主题："梅完梅了张维中"。

好不容易沥干梅子，就努力地扛着托盘，走进旁边的晒干区。在这里，所有的梅子都在做日光浴，要将水分晒干。有些曝晒区还会进行温度调节，因此整个房间都非常闷热。就在这里，必须在固定的时间，观察梅子晒干的过程，然后适时将梅子翻面。

翻面的方式，是要把整个托盘高高拿起，然后用很快的速度，在自己的头顶上一翻转。技术好的话，所有在托盘里的梅子，就会翻面成功。看似简单的工作，我也是差点要把整个托盘扣到自己头上了。那么多又那么重的梅子，要是真从我头上压下来，可不是开玩笑的。我也为这可能发生的窘事，想好了标题："梅头深锁张维中"。

来体验梅子制作过程的人，都可以装一小盒晒好的梅子作为礼物。最后，献上一张"助产士吃纪州梅"的照片自娱娱人吧。

📍 ぷらむ工房
add　和歌山县日高郡
　　　みなべ町晩稲1187
open　8:30～17:15
access　从JR南部站搭乘出租车约10分钟
web　http://www.plumkoubou.co.jp/

制梅也算一种催生吧！

必须用很快的速度翻面

差一点儿就整个人跌进去

03 井出商店和 Green Corner

KISHI MINABE

和歌山拉面的代名词

和歌山也是日本拉面的重镇之一。首先，当地人通常不叫拉面为拉面，而称作"中华そば"（SOBA）。所以，如果来和歌山旅游，拼了命想要体验当地的拉面，但光是看着招牌，不知道其实中华そば就是拉面的话，可能会意外地错过。

带领和歌山拉面风潮的店家，当属这间井出商店。原本只是当地人开的一间小拉面店，经媒体报道过后，许多远道而来的观光客都会前来拜访。因此，井出商店也逐渐变成和歌山拉面的代名词。

和歌山拉面以浓厚的豚骨酱油汤而闻名。说真的，我觉得实在太咸了，不少日本人也这么认为。据说尤其是东京人，对于和歌山的拉面也是束手无策。浓厚口味的"幕后黑手"其实并不是酱油，而是豚骨酱汁。

先吃鲭寿司，剥个蛋再吃拉面

井出商店的拉面很大一碗，以我的小鸟胃很难一碗吃光。有趣的是，和歌山县民习惯在等候拉面上桌前，就先吞掉一个"早寿司"（鲭寿司），同时开始剥蛋。蛋可以留着等拉面上桌时放进面里吃。这个根深蒂固的地方传统，甚至让和歌山县的人以为全日本都是这样吃拉面的。

说到和歌山拉面，现在大家都会先提井出商店，但其实对当地人来说，井出商店毕竟太观光景点了一些。另外一间拉面店 Green Corner（グリーンコーナー），是和歌山市居民从小吃到大更有亲切感，觉得更能够代表和歌山拉面的店。Green Corner 的拉面，反倒不像是一般印象中浓厚的豚骨酱油拉面，吃起来有些鸡汁的味道。另外，还特别推荐店内的可乐饼。可乐饼肉质香醇，让同行的日本前辈频频叫好。

或者先吃拉面，再吃霜淇淋！

井出商店是在拉面上桌前吃寿司，妙的是 Green Corner 是在拉面之后吃霜淇淋！原来 Green Corner 原本是经营茶庄的玉林园，因此，拉面店也就卖起自家茶庄出品的抹茶霜淇淋。到拉面店吃面，最后再享用可口的霜淇淋，遂成为和歌山市的人小时候觉得最享受的事情之一。也难怪现在跟和歌山市的大人提起 Green Corner 时，每个人都抱着一种珍惜这间店、怀念自己童年的心情了。

○ **井出商店**（いでしょうてん）
add　和歌山县和歌山市田中町 4-84
open　11:30 ～ 23:30
close　周四
access　JR 和歌山站徒步 9 分钟
web　http://r.gnavi.co.jp/dkpgv6a50000/

○ **グリーンコーナー（Green Corner）筑地桥店**
add　和歌山县和歌山市舟津町 1-10
open　11:00 ～ 22:30
access　和歌山港站徒步 4 分钟
web　http://www.gyokurin-en.co.jp

Green Corner 店家特制抹茶霜淇淋；拉面配可乐饼

近畿

KYOTO

京都

京都府

交通资讯
电车
▶行驶路线：
京都 ——KTR北近畿タンゴ铁道 特急はしだて—— 丹后大宫
行驶时间2小时30分钟

▶票券购买：
在KTR（北近畿タンゴ铁道）各车站购买车票
KTR 非 JR 系统，不可使用 JR PASS。

颠覆京都印象，
京丹后

"京都府的最北端
有一处名为京丹后的地方，
紧邻着美丽的日本海，
以丰富的海产与温泉自豪。"

对于京都的印象，一般人总是先想到数不清的神社寺庙或美味的和菓子；或者是近些年有不少小资青年，嗜于流连在小巷弄的职人艺品店、书坊与咖啡馆。提到京都的地理气候时，给人的感觉则多半是夏季炎热的盆地气候，仿佛跟海岸线保持着绝缘的关系。其实京都也有靠海的一面。就在京都府的最北端，有一处名为"京丹后"的地方，颠覆了既定的京都印象。那儿紧邻着美丽的日本海，以丰富的海产与温泉自豪。

KYOTO 01

后滨海岸

立岩地形与丰盛海产

在我的心目中，京丹后市最美丽的海岸线，是位于丹后町的后滨（后ヶ浜）海岸。受到风化的影响，这条海岸线的玄武岩石块，产生出造型特殊的自然地势。由于石块上留有垂直的线条，故称为"立岩"，长达一公里。立岩因此成为丹后半岛的观光名胜。

除了自然景观，丹后町还以"间人渔港"闻名。特别是冬天，从十一月开始，在间人渔港交易捕获的"间人蟹"，更是附近的餐厅与温泉饭店争相提供的美馔。间人蟹声名远播，每到此一时节，近畿地区的老饕都会特地前来，品尝美食也享受美味。

丹后半岛这一带的旅馆，可以"うまし宿と卜屋"为代表。远离京丹后市的市街，独立于世的一间小旅馆，总共只有10间客房。从入口玄关到客房，融合了古风和现代的室内设计，做足了气氛。泡完露天风吕以后，晚餐在和式房间里享用当季的各种海鲜料理，感受京丹后市骄傲的丰饶。

间人蟹

丰盛的当季海鲜料理
©うまし宿と卜屋

❀ 后滨海岸（后ヶ浜海岸）
add 京都府京丹后市丹后町间人
access KTR峰山站
→〔丹后海陆交通巴士〕
→丹后町役场前站下车
web http://tan-go.jp

❀ うまし宿と卜屋
add 京都府京丹后市丹后町间人566
access KTR网野站，转出租车或联系饭店接驳
web http://u-10108.com/web/

KYOTO 02
丹后绉绸

纺织工厂一景

传统工艺的代表

京丹后市除了海岸、温泉与海产，还以布料闻名。据说早在1200年前，这里就已经有生产绢织物的记录。

恰当的气候环境，让这一带的绢织工业逐渐发展。到了江户时代出现了名为"丹后绉绸"的布料，近年来更不断研发，融合许多新技术，让丹后绉绸的日式花样多彩多姿。

再加上耐磨又不易缩水的特质，成为制作和风小物、和服的绝佳材质，甚至与日本的流行服饰品牌跨界合作，远销到国外，让日本传统工艺受到更多注目。主要的纺织厂均集中于网野町。提前申请，可观摩纺织工厂的运作状况。

华美的丹后绉绸

近畿

OSAKA
大阪

大阪府

交通资讯
电车

▶行驶路线：阪急宝塚
梅田 `阪急线：本线急行 宝塚行` 石桥 `阪急箕面线` 箕面
行驶时间26分钟

▶票券购买：
スルッとKANSAI大阪一日周游卡
详细使用方式与购买地点（中文）
http://www.osaka-info.jp/osp/cht/

箕面，
把美丽的红叶吃下肚

"年复一年，
看似悄然无声的光阴，
其实都激动地被
箕面瀑布落下的水声，
记忆着。"

远离大阪市区，在近郊有个叫作"明治之森箕面国家公园"的地方，包含箕面市北部的低山岳地带、箕面瀑布与周边森林，不仅腹地广阔，还有千种植物和超过3000种昆虫，称之为自然宝库一点也不为过。

　　走进箕面国家公园，沿路都能见到许多猴子造型的广告牌。原来，以前这里有许多野生动物，其中又以猿猴居多，故从以前开始就成为老一辈的人对箕面山的印象。此地一度开辟为野生动物园，后来实在是因为猿猴泛滥，经常发生与人冲突的意外，最后才废止动物园的设置，也禁止观光客喂食猿猴。否则这些猿猴在习惯人喂食的情况下，很容易行为逾矩，造成危险。

OSAKA 01 — 箕面瀑布

箕面瀑布是公园赏红叶的重要据点。从公园入口一路散步，为观光客设计的最终路线就是有33米落差、被票选为"日本百大瀑布"之一的箕面瀑布。

我觉得这里最棒的是在瀑布前与小桥之间的平地上，设置了一排排的座位。买了喜欢的小吃，坐到这里一边聊天，一边看瀑布跟红叶，那种幸福感是多少金钱也换不来的。

红叶天妇罗

红叶在箕面出名的理由，是因为这里的红叶不仅能看，还能吃。是的，别怀疑。把红叶裹上面粉，经过油炸以后成为红叶天妇罗，类似茶

红叶天妇罗制作中

瀑布前的座位　名物店一景

饼。酥酥脆脆的，有如饼干的口感，是令我相当惊艳的零嘴新体验。当然，箕面种植专门用来食用的树叶，可不是随便把地上拣来的红叶就拿来油炸。因备有存货，一年四季都能吃到红叶天妇罗。

虽然到访的季节是春末，但可以想象，在秋高气爽的季节，火红的秋叶看完、吃完以后，还可以到公园内的温泉泡汤。等到叶子红到浓得化不开，落下之后便是深秋、初冬之际了。年复一年，看似悄然无声的光阴，其实都激动地被箕面瀑布落下的水声，记忆着。

❀ **明治之森箕面国家公园**
access　搭乘阪急电铁在箕面站下车瀑布徒步约40分钟

从公园入口一路散步

中国

OKAYAMA
冈山

冈山县

交通资讯
新干线・电车

▶ 行驶路线：
新大阪 —山阳新干线— 冈山 —JR山阳本线— 仓敷
行驶时间1小时7分钟

▶ 票券购买：
JR PASS（外国观光客可利用）
详细购买、价格与使用方式，请参考官方网站
http://www.japanrailpass.net/zh/zh001.html

小桥流水，仓敷美观

"那些不愿告别
却消逝的短暂爱恋，
是否足以燃亮一条路，
好让下一回的自己，
不再迷失？"

有时候，旅行中不带任何预设或期待，反而会遇见许多不经意的惊喜，就像冈山县的仓敷。以前曾经看过仲间由纪惠为JR西日本拍摄的广告，其中一系列就是在仓敷的美观地区拍摄。当时看了觉得人跟景都非常美，却从来没有仔细去查这是哪里。这次终于走进了仓敷的美观，一访这个充满大人味旅行的街衢，令我十分惊艳。我愿意为了再泊仓敷而重访冈山。

OKAYAMA
01
— 美观

美观地区
add 冈山县仓敷市中央1丁目
access 从JR仓敷站南口，沿仓敷中央通前行步行约15分钟
web http://www.kurashiki-tabi.jp/see-kurashiki/

融合当地特色的招牌与路灯

仓敷美观地区商店街

黄昏时分的仓敷川沿岸

水乡泽国

石房、白墙和柳树，围绕在运河的两畔，将仓敷的"美观地区"衬托出一股古色古香的气氛。街景古老却不凋敝，这些民家有些仍住着居民，有些成了商家、民宿、居酒屋、餐厅或咖啡馆，无论开的是什么店，都秉持着原有的外貌，延续当年的江户风情。

夏日仓敷。昏暮渐至，和风木屋夹道而出的绵延小径，迎来骑车少年。像携带着光似的，让两侧的灯笼与路灯，静谧中一瞬而亮。那些不愿告别却消逝的短暂爱恋，是否亦足以燃亮一条路，好让下一回的自己，不再迷失？

到了夜晚，仓敷川沿岸的建筑会打上照明灯光。看着楼房摇曳的身影倒映在运河中，亮晃晃的，好像时间也随着河水回溯到了从前。这些灯光可不是随便弄弄的，而是出自世界级的照明设计师石井干子的专业构思，打造出仓敷的幻想空间。

OKAYAMA
02

民艺茶屋新粹

隐密居家感的居酒屋

享受仓敷的旅程，你可以搭乘运河中的小舟游河，或者是散步。漫步穿梭于小巷弄中，看看商家卖些什么有趣的。走累了，挑间咖啡馆喝个下午茶，天气若还暖，吃个冰品也不错。晚上在附近挑一间和风味浓厚的食堂，就更完美了。

晚餐，我来到这间仓敷美观地区内的居酒屋"民艺茶屋新粹"。这间居酒屋是当地人介绍的，但因为恒常闭着门，见不着餐厅内的景象，大概一般观光客都会却步。其实没那么神秘，这间店的价钱跟菜单在网络上一目了然。如果担心语言问题，只要事先在网络上看好就万事OK。所以如果有机会来到这里，不要担心，尽管开门走进去．大快朵颐一番吧。

民艺茶屋新粹柜台前张贴的众多菜单

乡土料理饱满着家常的温馨味

🍶 民艺茶屋新粹
add　冈山县仓敷市本町11番35号
open　17:00～22:00
close　周日
access　从JR仓敷站徒步10分钟
web　ttp://www.k-shinsui.com

民艺茶屋新粹的低调外观

OKAYAMA
03

Kurashiki Ivy Square Hotel

红砖炼瓦的英式饭店

仓敷有间饭店名为"Kurashiki Ivy Square",建筑很美,即使不投宿于此,也可以来逛逛。原本是日本明治年间以英国工厂为范例建设的纺织工厂,经过大规模改造以后,打造出一间独具风格的饭店。同时,饭店园区内还建了几座文化设施,如仓纺纪念馆和儿岛虎次郎纪念馆等,使得这间饭店充满了复古的文艺气息。

儿岛虎次郎纪念馆

红砖炼瓦的材质是这间饭店的建筑特色。馆内利用各种转角与建筑之间的空隙设计出的造景空间,更增添了此地的英式贵族气息。房间的价格倒是相当平民,两人同行,附早餐的双人房,一个人只要5775日元。

乡土料理冈山豚蒲烧

冈山市区内有家当地人推荐的故乡美食,以"豚蒲烧"(ぶたかば)闻名。豚蒲的"豚"指的是猪肉,而"蒲"是蒲烧鳗的"蒲",简单来说就是用跟烤蒲烧鳗一样的料理方式,做出来的烧烤猪肉美食。豚蒲烧肉定食约800日元,涂上浓厚的酱汁烧烤出来的猪肉,香甜脆感十足!此外,还推荐1000日元的たぶまひつ定食。这种定食吃法分三步骤。第一步先单纯品尝竹筒里的饭;第二步将葱花、海苔、芝麻加入,混合以后享用;最后将汤汁注入饭里,变成茶泡饭享用。等于同时享用到三种口味啦!

🍴 **Kurashiki Ivy Square Hotel**
add 冈山县仓敷市本町7-2
access 从JR仓敷站徒步15分钟
web http://www.ivysquare.co.jp/

🍴 **豚蒲烧かばくろ(KABAKURO)专门店**
add 冈山县冈山市北区表町1-2-30
open 11:30～20:00
close 不定休
access 至JR城下站
web http://www.oldboy-village.com/kabakuro

ひつまぶた定食;ひつまぶた定食吃法

OKAYAMA 04
冈山后乐园

幻想庭园

冈山市区最出名的观光景点是有"幻想庭园"之称的冈山后乐园。这座在古时由藩主池田纲政建造的大庭园,是日本三大名园之一。

日本庭园里的步道多半是单向通行的,后乐园里却有许多交错的小径,是较为少见的特色。宽阔的草原与风格独具的建筑,在夏天的夜间会打上烘托景致的灯光,光芒攀爬上树又潜入池水,绮丽而梦幻的场面,赢得了"幻想庭园"的美誉。

后乐园里的茶寮贩卖着冈山县的名产,类似于麻薯口感的"吉备团子"。想吃吉备团子,车站物产店就能买到,但还是强烈建议到茶寮店里吃现做的。因为手工的质感,才能让团子的口感发挥到极致,同时现场撒下的蓬松黄豆粉不会带有湿气,进而带出糯米香味的同时,又能镇住团子里红豆馅的甜味。

吉备是冈山地区的古名,而吉备团子之所以有名,是因为在桃太郎的故事里,桃太郎挥别故乡出征时,双亲给的盘缠就是与吉备团子发音相同的"黍团子"。相传是桃太郎故乡的地方很多,冈山是其中之一。

冈山县名产"吉备团子"

冈山后乐园
add　冈山县冈山市北区后乐园1-5
open　7:30～18:00
　　　(3月20日～9月30日,其他时段至17:00)
access　冈山市电城下站徒步10分钟
web　http://www.okayama-korakuen.jp/

冈山县素有"幻想庭园"之称的后乐园

从后乐园远眺冈山城

中国

HIROSHIMA
广岛

交通资讯
山阳新干线
▶行驶路线：
新大阪→广岛
行驶时间1小时26分钟
▶票券购买：
① JR PASS（外国观光客可利用）
详细购买、价格与使用方式，请参考官方网站
http://www.japanrailpass.net/zh/zh001.html
② 广岛市电（路面电车）一日券
票券售价 成人600日元·儿童300日元
购买地点 车站或车内

广岛县

浴火重生的和平之都

"如梦似幻的严岛神社，
海水涨潮时，
整座鸟居会浸入水中。
大潮时，海水会一路前进到神社里。
走在神社里的木板小径上，
感觉自然与人，如此亲密。"

　一提到广岛，很多人应该都有过那些年去KTV时，总要来个《广岛之恋》男女对唱的经历吧。一晃眼，这首歌也是那么多年前的事情了。对50岁以上的人来说，广岛的印象大概就是原子弹，不过，广岛之恋的美好旋律跟浪漫情境，俨然已经成为大家对广岛印象的代名词。就连负责广岛观光的日本官员也都知道这首歌的效应！

HIROSHIMA
01
宫岛严岛神社

水中的鸟居

广岛县有个知名的景点，叫作严岛神社。严岛神社所在地是在广岛县近濑户内海上的一座小岛屿，名为宫岛。如梦似幻的严岛神社，海水涨潮时，整座鸟居会浸入水中的画面，一直以来是我向往的异乡之一。真正站在严岛神社面前，在退潮时走近鸟居，触摸红色木柱，那一刻仍觉得不真实。然而看着夕阳的光框起鸟居，呼吸着海水气息的刹那，我知道我确实站在广岛的宫岛了——这座神社名列世界文化遗产的小岛屿。

上岛时已是傍晚，来到神社时，恰逢退潮，喜欢玩水的孩子们在鸟居下奔跑着，脚下潺潺的细流，偶有与世无争的螃蟹爬过。

游客行走于退潮时的严岛神社鸟居下

神社前的参道商店街

第二天一早,特地再访神社。这时候,就是缓缓涨潮的时间了。海水匍匐而来,不一会儿就越过鸟居。鸟居下或还残留着昨日傍晚的足迹,当然已被海水刷新。大潮时,海水会一路前进到神社里。神社是架高的建筑结构,因此整座神社就会浸在海水之中。走在神社里作为联络道路的木板小径上,感觉自然与人,如此亲密。

饭勺御守

神社前的参道有许多商店,卖着当地的特产,如包着红豆馅的枫叶煎饼。不过最出名的当属饭勺。各式各样的饭勺,展现了广岛工艺职人的技术。饭勺之所以会成为名物,是因为在宫岛民间传说里,用御山的神木做成的饭勺盛饭会带来好运。因此木勺子就从宫岛起源,成为广岛的象征之一。广岛的棒球后援队在会场当拉拉队时,会拿着勺子拍打,典故便出自于此。因为饭勺是用来盛饭的,而盛饭在日文中叫作 meshitori,跟逮捕坏蛋(召し捕り)发音相同,故有着胜利的寓意。

严岛神社里就有卖饭勺的,而且是被当作御守一样贩卖。从来没见过把饭勺当御守吧!可能只有在严岛神社才有哦。神社卖的饭勺御守不仅能祈求好运,还可以真的拿来当饭勺用。从今以后的每一餐,在盛饭的那一刻,仿佛也被上天庇佑了呢。

象征胜利的饭勺

🌙 **宫岛严岛神社**

add　广岛县廿日市市宫岛町 1-1
open　自由参拜
access　JR 广岛站搭至 JR 宫岛口站,
　　　转乘联络船渡轮,即可抵达宫岛
web　http://www.miyajima-island.com/
　　　flash/chinese/welcome.html

【严岛神社】

严岛神社的社殿最早建于公元 593 年,1168 年由平清盛改造扩建成现今的规模。以红色为主调的建筑体,前方拥抱着湛蓝大海,后方则倚靠着绿山,不仅在日本少见,也是世界上难得的文化宝藏。

记录原爆当下时刻的海报

原爆圆顶遗址整体

HIROSHIMA 02
原爆和平纪念馆

🌸 广岛和平资料馆
add　广岛市中区中岛町1-2
open　3月至11月 08:30 – 18:00（8月至19:00）
　　　12月至02月 08:30-17:00
close　年末年初 12月29日至次年01月01日
access　市电（路面电车）往宫岛口、江波方向，
　　　　在 原爆ドーム前 下车
web　　http://www.pcf.city.hiroshima.jp

走进时光隧道

　　众所皆知，广岛和长崎是世界上唯一被原子弹炸过的地方。在原爆和平纪念馆园区内，留着当年原爆圆顶的遗址，也就是我们从小到大常看到的画面。当初原子弹就是在这栋残骸建筑的上空引爆的，造成了数以万计的人员伤亡。战争的教训和凄惨，站在原爆残骸的面前，依然能够深深感受到悲恸的力量。

　　往下走穿过和平公园，便抵达广岛和平纪念资料馆。馆内有更详细的文史资料，随着一件件记录着二战的血泪史的物品，我跟着一起走进了时光隧道，脑海中闪过卷入战争的地方，惨绝人寰的牺牲。那些触目惊心的遗物与照片，以及原子弹爆炸后引发的受害后遗症，一再警示着人类，争夺、贪念与仇恨的念头，是多么邪恶的万恶渊薮。

HIROSHIMA
03
——
广岛烧
amanjaku

别叫我大阪烧！

通常把日本的"お好み焼き"（什锦烧）统称为大阪烧。其实什锦烧的种类很多，大阪烧只是其中一种。记得刚来到日本时，跟出身广岛的朋友聊起大阪烧，显然他们很不服气，认为广岛烧有自己的面貌，并不想跟大阪烧做亲戚！

事实上在日本之外的地方很少能吃到血统纯正的广岛烧，所以也不能怪我们搞不清楚（后来发现东京人也搞不清楚有什么差别）。既然来到广岛，当然要一尝百分百纯正的广岛烧！

在广岛市的中区 Sunmall 楼下，有一间当地人评价指数很高的小店，据说卖的广岛烧特别可口。别看店家只有一小区柜台式座席，每到中午用餐时间，来到这里吃广岛烧的上班族总是将这里挤得水泄不通。

广岛烧的作法不似大阪烧垫着厚实的面皮，而是在食材上铺上一层像可丽饼一样的薄薄面皮，最大的特色是用荞麦面或乌冬面（也可混合）一起炒，最后再放上喜欢的佐料，比如葱花或煎蛋。这样的广岛烧是蛮好吃的，不过吃完以后，心底的谜之音却是：啊，这跟炒面有什么不同呢？（笑）

正宗广岛烧

🌙 广岛烧 "amanjaku"
　　（あまんじゃく）

add　广岛县广岛市中区纸屋町
　　　2-2-18B1F
open　10:30～22:00
close　不定休
access　市电纸屋町西电站下车
web　http://www.sunmall.co.jp

中国

YAMAGUCHI
山口

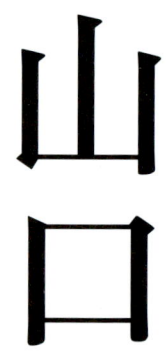
山口县

交通资讯

新干线・电车

▶ **行驶路线：**

新大阪 ─山阳新干线─ 新山口 ─JR山口线─ 山口

行驶时间 2小时44分钟

▶ **票券购买：**

① JR PASS（外国观光客可利用）

详细购买、价格与使用方式，请参考官方网站 http://www.japanrailpass.net/zh/zh001.html

② 当地JR车站购买山口线电车票

山口的时与光

"下町老城
是传统祭建筑的保护区。走在
石墙街坊之中，
在湛蓝的天空下，
宁静的街道里，别有风情。"

提到山口县，日本朋友曾告诉我，大概所有的日本人都知道山口县最有名的地方，就是小时候地理教科书里提到的日本最大喀斯特地形高原"秋吉台"，以及高原下的钟乳石洞"秋芳洞"。除此之外，山口县里的"萩"，由江户屋街、菊屋街和伊势屋街构成的下町老城，也是名闻遐迩的文化保护区。

秋吉台与秋芳洞

YAMAGUCHI 01

时光的力量

这一天，我们也踏进了教科书里的一页。秋吉台的地形相当特殊，大约在三亿年前，原本在海底的珊瑚礁因为板块移动而被挤压成山，又经过雨水侵蚀以后形成的地貌。这些布满高原的石灰岩坑与岩柱，形状都十分诡谲，有人昵称像是月球表面。

覆盖着植物的高原，在四季变化中呈现出迥异的色泽。从展望台一望而下，岩石改变着表情，诉说着时光的力量。

这些山坡真的都曾经在海底吗？我不禁想象那发生的瞬间，天地是如何变色。我们赞赏的大自然中，每一个地形的奇迹，其实都是残酷的换取。

秋吉台展望台眺望特殊岩石地形

秋吉台・秋芳洞
- add　山口县美祢市秋芳町秋吉台山
　　　（秋芳洞：美祢市秋芳町秋吉3506-2）
- open　自由进出
　　　（秋芳洞入洞时间为8:30～16:30）
- access　JR新山口站搭巴士至秋芳洞
　　　车程约43分钟，步行30分钟可抵达
- web　http://www.karusuto.com

秋芳洞

在秋吉台下方一百多米，是号称东洋第一大钟乳石洞的秋芳洞。经过三十万年以上的地下水侵蚀，形成了十公里左右的洞窟，如今将其中一公里的路段开放成观光地。

从入口的瀑布面前，就开始感觉到气温一变，炎热的夏季，在这里像是突然被阻隔似的，从洞窟里传来阵阵凉风。真正走进洞窟里，只有17度，相比户外的炙热，简直像走进空调房里，突然获得了拯救。

秋芳洞梯田般的钟乳石

秋芳洞入口处瀑布

松阴神社鸟居　　夏日祭典神轿入场

YAMAGUCHI
02
萩城

保留传统建筑的古城

山口县里的萩市，在 17 世纪就建立了，一直到 19 世纪都是山口县的政治中心。许多日本人熟悉的历史人物都曾在这一带活动，如今，这里还保留了一些关于他们的历史遗址和建筑。

江户屋街、菊屋街和伊势屋街构成的下町老城，是传统祭建筑的保护区。走在石墙街坊之中，在湛蓝的天空下，宁静的街道里，别有风情。若能在此投宿一夜，或许在夏天，将巧遇一场夏日祭典，更能体会萩市的乡间风情。

趁着日落前来到岸边看夕阳，是当地人推荐的行程，也是居民骄傲的天然风景。火红的昏暮染红天际，果然美丽且壮观。

历史更迭，地形改变，拉开时间来看，没有事情是不会改变的。此刻眼前所见的山口县夕阳，千百年前也许有着不同的色泽。忽然，几个少年带着爆竹花火来到岸边，笑声中欢欣地放起盛夏的烟花。远方海面上粼粼波光与少年的身上，都闪起了同样烁亮的光。

◎ 萩城
add　山口县萩市萩城城下町
access　从JR新山口站乘坐巴士到萩巴士中心，车程1小时25分钟
web　http://www.visit-jy.com/taiwan/

骑车漫游下町老城

山口县夕阳

中国

SHIMANE
岛根

岛根县

交通资讯

电车

▶ **行驶路线：**
冈山 —JR特急やくも— 出云市
行驶时间2小时59分钟

▶ **票券购买：**
① JR PASS（外国观光客可利用）
详细购买、价格与使用方式，请参考官方网站
http://www.japanrailpass.net/zh/zh001.html

② 当地JR车站购买特急やくも

爱情能量之地NO.1

"在爱情将来而未来，
只冀求遇见爱的气氛里，
那一刻，或许才是
最靠近毫无杂质、纯粹的，
爱的刹那。"

岛根县最出名的景点，莫过于出云市的出云大社了。这个在日本众多的恋爱神社当中，被日本人号称最灵验的能量之地，吸引来自各地络绎不绝的游客，每年超过200万人。在神明面前默祷着，每个人携带着各式各样的爱情愿望，在这里拼凑出了一张看不见也摸不着的爱情地图。

SHIMANE
01
— 出云大社

神在，神无

出云象征的意义，是众神从这里出发的意味。每年农历十月，会在出云大社举办迎接神明的"神在祭"，因为众神齐聚一堂，故只有在出云地区会称本月份为"神在月"，而出云以外的地方则叫作"神无月"。

出云大社的主祭神是结良缘和姻缘的大国主神。姑且不论灵验与否，仅是神社的建筑，出云大社就值得前来参访一番。本殿的造型，号称是日本最古老的"大社建造"之神社建筑形式，已经成为国宝。在本殿的廊下挂着一串厚重的稻草绳，称为"注连绳"，重达五吨，是日本神社里最重的注连绳。

出云大社的参拜方式跟其他的神社不同。在"二礼、四拍手、一礼"

出云大社本殿

的程序中，比一般神社多了两次击掌，成为出云大社的独有特色。

　　无论是否爱过或者被爱，之所以会站在出云大社前祈求因缘的，毕竟都是相信爱情的人吧。我尾随着众人排队，在大神前虔诚地击掌祈祷。忽然感觉，在爱情将来而未来，只冀求遇见爱的气氛里，那一刻，或许才是最靠近毫无杂质、纯粹的，爱的刹那。

　　出云大社附近的名产是荞麦面。这里卖的荞麦面，最特别的是三盘一组的形式。吃法是先将佐料跟酱汁，倒进最上层的荞麦面里。第一段吃完以后，将盘子里留下的酱汁倒进第二段的盘子里，以此类推。出云荞麦的口感十分清爽扎实，参拜完神社以后，几乎所有游客都会挑间餐馆，小憩一番，品尝特产。

当地荞麦面的特殊吃法

出云大社树林步道

出云大社名产荞麦面

出云大社
- **add**　岛根县出云市大社町杵筑东195
- **open**　自由参拜（询问处8:30～17:00）
- **access**　从JR松江市→（JR山阴本线）→出云市→出云大社　站前1号巴士站搭乘巴士（一畑バス，往出云大社方向）间隔为半小时一班
- **web**　http://www.izumooyashiro.or.jp/

179

碳烤鲜鱼

居酒屋"根"特制乡土料理

SHIMANE 02
居酒屋「根」

岛根乡土美味

　　松江车站前有一家居酒屋，虽然是连锁店，料理的质量却不似中央厨房的粗食，口感十分精致，带着家庭感并融合创意料理的精神，早已成为当地人极为推荐的乡土料理好去处。

　　这间名为"根"的居酒屋，渔产类料理特别拿手。我们熟悉的蛤蜊汤，是当家自豪的菜色之一。比起一般的料理方式，汤汁中多了一点鲜鱼的浓厚口感。车站附近的餐馆很多，可是每到傍晚用餐时分，"根"仍然门庭若市。因为不仅当地人喜欢在此小聚一番，如我一般慕名前来的远方游客也川流不息。

　　美食当前，饱足一餐，那种从身体里到灵魂发出的幸福，比出云大社前祈求的爱情更踏实。是的，如果爱情在未来，那么至少我们能做到、也该做的是，来一餐饱满身心的美食。

 人气料理蛤蜊汤

❀ **居酒屋"根"（根っこ）**
add　　岛根县松江市朝日町452
open　11:00～14:00/17:00～22:30
access　松江市站前
web　　http://www.nekkogroup.com

SHIMANE
03
石见银山

老街魅力

岛根县的观光胜地，是登录于世界遗产的石见银山。2007年石见银山在联合国认定下成为世界遗产，其实这里作为银矿山的开发，早在400年前就开启了它的历史。

石见银山腹地广阔，全部逛完可能太累，建议分成两大区域。一个是龙源寺坑道，另一个是大森町传统街道。逛完这两区，差不多也把石见银山的重点看到了。

到龙源寺坑道，可以在公交车下车处的"银山公园"租赁自行车。走路的话可能有点辛苦，租一辆自行车比较恰当。边骑边看风景，也是一种享受。普通自行车3小时500日元；电动自行车2小时700日元。参观完龙源寺坑道以后，骑自行车回银山公园，把车还了之后就可进行另外一区"大森町传统街道"的探访。

我喜欢石见银山的传统街道，胜于龙源寺坑道，因为这里的老街建筑真的极具风情，不只如此，沿途开设的咖啡馆和店家也充满了优雅的魅力。在传统街道区里的商店前，发现许多可爱的小东西。比如挂在屋檐下的风铃，在炎热的天气里听见玻璃撞击的声音，真的会有种沁凉的感觉。

还有长得很特别的可口可乐小冰箱，上面放着"说英语也通"的小黑板；以及卖明治玻璃瓶牛奶和咖啡牛奶的老式贩卖机，投了钱以后，自己把冰箱门打开拿饮料。最后我买了一个用大山牛奶制作的咖啡冰淇淋，是只有当地才能买到的限定品。在汗水直冒的这个早晨，吃下可口的冰淇淋，消暑以后，又有精神准备出发到下一站啦！

商店街屋檐下的风铃

石见银山日式传统街道

石见银山世界遗产中心
add 岛根县大田市大森町イ1597-3
access 出云市站搭乘"山阴本线"至大田市站转乘公交车
（大田市站→石见银山遗迹方向）至石见银山
web http://ginzan.city.ohda.lg.jp

推 用大山牛奶制作的咖啡冰淇淋

中国

鸟取
TOTTORI

鸟取县

交通资讯
电车 JR 特急 スーパーはくと
▶ **行驶路线：**
大阪→鸟取
行驶时间 2 小时 27 分钟
▶ **票券购买：**
① JR PASS（外国观光客可利用）
详细购买、价格与使用方式，请参考官方网站
http://www.japanrailpass.net/zh/zh001.html
② 当地 JR 车站购买特急车票

沙丘与咖喱

"光和阴影皱折在沙纹里，
那样有规则的
如同等高线排列着，
像是混乱之后，
终于整理好的一片情绪。"

紧邻日本海并倚靠着高山，鸟取县坐拥许多丰富的自然景观。知名的二十世纪梨产于鸟取，来自日本海的海鲜也是当地特色。而对日本人来说，只要提到鸟取，就会立刻联想到"沙丘"，当然要去一探究竟！

沙丘与大海一气呵成

沙如时光，都无法定格

人类总有滑行的欲望，无论是雪还是沙

沙丘
add　鸟取县鸟取市浜坂
access　鸟取站前搭乘路线巴士
　　　（往鸟取沙丘方向）
　　　约20分钟可抵达鸟取沙丘
　　　间隔为15～30分钟
web　http://yokoso.pref.tottori.jp

TOTTORI
01
沙丘

光和阴影皱折在沙纹里

　　很难想象在日本能看到一片沙漠的景象，而且这片沙漠的远方就是海洋。沙漠与海洋同时映入眼帘，恐怕是在其他真正的沙漠地带，不可能出现的景致。

　　建议到沙丘的时间是一大早，因为这时候的观光客还不多，沙丘仍保持着一整晚风吹出来的完美沙纹。此外则是夕阳时分，火红的夕照从远方的海面，绵延到沙丘上来，光和阴影皱折在沙纹里，那样有规则的如同等高线排列着，像是混乱之后，终于整理好的一片情绪。

日本咖喱食量冠军县

即便是鸟取市区最繁华的站前商店街，仍有一点郊区小镇的感觉，不过很难想象就在这里的小巷弄之间，藏着一间可爱的咖啡馆 Cafe-nee。其精致的程度，放在东京的下北泽或原宿巷道里亦毫不逊色。

鸟取县一整年吃掉的咖喱量是日本之冠。既然如此，一定能在鸟取找到好吃的咖喱餐厅。果不其然，Cafe-nee 的咖喱十分好吃。以虾和干贝为主要食材，添加椰味的泰式咖喱吃来十分爽口。其他推荐的自然是当家咖啡及各式甜点。在二楼的座席中，有一排是靠窗的长条柜台式座位，可以一边看着窗外一边吃饭，是一个人来时的 VIP 座位。

一楼收银台后方是专卖外带糕点的柜台。看见橱窗里有好多可口的甜点，可惜时间跟胃都不够用了，只能等待有缘下次再访时才能好好品尝了。

♌ Cafe-nee
add 鸟取县鸟取市瓦町 409/ close 11:30 ～ 22:00
access 鸟取站前 / web http://www.cafe-nee.com

TOTTORI 02 鸟取市

藏身于巷弄中的 Cafe-nee 入口

单人靠窗长条柜台式座位

两人座位区　　椰味泰式咖喱饭

MIYAZAKI

宫崎

交通资讯

① **飞机**
▶ 行驶路线：
羽田机场→宫崎机场
飞行时间1小时30分钟

② **JR 特急にちりん**
▶ 行驶路线：
宫崎机场→宫崎站
行驶时间8分钟

▶ 票券购买：
JR PASS（外国观光客可利用）
详细购买、价格与使用方式，请参考官方网站
http://www.japanrailpass.net/zh/zh001.html

至宫崎无新干线，故购买JR PASS是否划算，
应多加评估。可搭乘一般JR铁道的电车

九州的小京都

"乘着可爱的
海幸山幸观光列车，
倚着窗，任凭窗外风景游移。
未知的下一站，
又会有什么惊喜，
等着我去探寻？"

　飞机降落宫崎机场。在领行李的转盘边，心底还在想着，宫崎县究竟是个什么样的地方呢？ 却突然被行李输送带上跑出来的东西给吓了一跳。没错，竟然跑出一盘宫崎牛肉。原来，为了宣传本地特产，机场的行李输送带上，会不时跑出当地名产的模型。这真是个好点子，毕竟，每个人都会盯着运输带看自己的行李出来了没有，想不注意到这些广告也难。

　蓝天、青海与日光，还有皮肤上感受到微微的热感，是我步出宫崎机场接触到室外时，对九州宫崎县的第一印象。第一次来到九州，当然也是首次到访宫崎，对于宫崎的印象只停留在好吃的地鸡料理跟日本少见的国产芒果。事实上，宫崎县不只如此。倘若是只在宫崎县停泊一夜的旅程计划，那么推荐本地两大必游景点：一个是位于日南海岸的青岛神社，另一个是饫肥城下町散步。

MIYAZAKI 01 日南海岸青岛神社

恋爱成就的圣域

　　从羽田机场到宫崎机场约 1 小时 50 分钟航程，从大阪伊丹机场出发则需 1 小时 5 分钟。接着，再从宫崎机场搭乘 JR 宫崎机场线、JR 日南线 24 分钟，就可抵达青岛站。

　　所谓的日南海岸，是指从宫崎机场到日南，220 号国道沿岸一带的海岸线。因为临着太平洋海岸，沿路又种满了高耸的椰子树，所以在阳光当好的天气里，搭车经过此地，总有到了冲绳或东南亚海岸的错觉。

　　青岛神社在日南海岸上延伸出去的一个小岛上，周长只有 1.5 公里。抵达神社，必须先穿越一条由碎贝壳跟石阶交织而成的河床，而这条路，就像是海上的参道，通向神的境界。

　　布满岛周围的、特殊的波状隆起地形，被称作"鬼的洗衣板"。原来在宫崎县流传

青岛神社入口鸟居

"鬼的洗衣板"河床路

即将放入水中的"玉之井"祈福愿纸

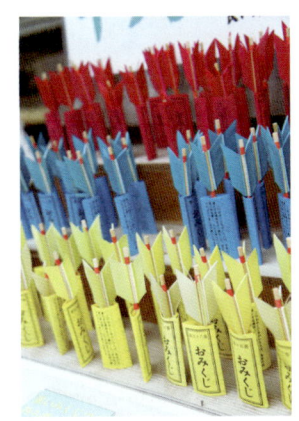

神社内包罗万象的祈福愿纸

的神话中,曾传说这里奇怪的环境像是鬼怪洗涤衣物的地方。鬼的形象万千百种,但我从来没想过,原来鬼也要洗衣服啊,真是可爱的传说。站在"鬼的洗衣板"上,想象着再怎么恐怖的鬼怪,在这里乖乖洗衣服时,恐怕也都会变成温驯的小学生吧。

　　江户时代的青岛神社,是禁止一般人进入的圣地,由于这里祭祀的是大和民族的日向神话里,结成姻缘连理的山幸彦和丰玉姬夫妇,因此成为祈求姻缘和"恋爱成就"的能量之地。现在日本 50 岁以上的长辈,特别是住在关西的人,过去蜜月旅行时特别喜欢到溢满南国风情的日南海岸,当然也不会错过祈求姻缘长久的青岛神社。

 **青岛神社**

add　宫崎县宫崎市
　　　青岛2丁目13番1号
open　8:00～17:00（祈愿所）
access　JR日南线青岛站下车徒
　　　步约10分钟
web　http://www9.ocn.ne.jp/
　　　~aosima/

青岛神社的本殿后面，还有一座隐藏在小树林里的小神社，称为"元宫"。"元"指的是"本来"的意思，因为这个小屋子的所在地，是青岛神社本来的宫殿所在地。传说这个原来的神社基地拥有更强的能量，甚至赢得"最强POWER"的美誉。所以，拜完本殿以后，别忘记也穿越小树林，来元宫吸收一下超强能量吧！

在青岛神社本殿的入口外，还发现了另外一个有趣的小庙。这个被称为"海积の祓い"的小庙是用"玉之井"的水，让祈愿的人，将心愿写在人形的符纸上（一张100日元纸币），然后对着嘴巴吹一下气，再放进水里。等到纸张融在水里时，就代表写在上面的愿望会成真。

青岛神社里贩卖的御守护身符种类繁多，也是我在日本少见的景况。几乎你能想到想要保佑的事情，都可以在这里找到相应的御守。御守到底能不能保佑愿望成真，当然是见仁见智了。不过，在神明面前集中精神，默念自己想实现的愿望，然后携带着御守回家，每当看见御守时，就想到自己曾经许下的愿望，或许也就达到了念兹在兹的功效。

再远的愿望，只要记着，时常想起，纵使尚未实现，也已经在脑海里有了一张导引的地图。

青岛神社贩卖的五脏六腑御守、心想事成御守、商运亨通御守（由上至下）

MIYAZAKI
02
Kodama Gallery

宫崎县名产肉料理

除了小吃和甜点，如果想吃宫崎日南海岸的美食，应该去哪里呢？就在饫肥下町里，有一间复合式空间的日式餐馆 Kodama Gallery，可以品尝到以日南海岸的鲣鱼酱烧肉（日南一本钓りカツオ炙り重）闻名的美味料理。

这道宫崎县美食采用当地新鲜食材，将肉片蘸上两种独特酱汁：鲣鱼基底的酱油、胡麻酱汁。首先将未经烹饪的新鲜肉片蘸上酱汁直接食用，感受最基础且新鲜的味觉。第二种吃法是将肉片放到炉台上烧烤，当然酱汁也不可少。最后一种吃法是茶泡饭，将烤好的肉片混进热茶一起品味，享受汤汁的香味。

Kodama Gallery 不仅料理美味，建筑也充满怀旧风情。拥有120年历史的屋龄，改建于明治时代的商铺，处处可见光阴渗透的隽永痕迹。细看角落，还能发现当年经商时留下来的物件。除了餐馆跟吃茶处，这里还辟出了展览空间，定期展示艺术品，让 Koodama Gallery 化身为多样化的复合式空间。

目前为第九代经营的小玉夫妇，以一颗炽热的心迎接每一位客人。特别是同为料理长的女主人小玉千津子女士，个性相当开朗。知道我从台湾来以后，开心的与我聊起她认识的台湾朋友，大家相约要去台湾玩的事。

其实我只是个萍水相逢的陌生人，但能够如此真诚的与陌生客人聊家常的餐馆老板，我想，当他们在厨房烹饪之际，一定也是抱着"做菜给朋友吃"的心态吧。于是，我们感受到的食物美味，还包含了他们的热忱。

现烤鲣鱼酱烧肉

Kodama Gallery
（ギャラリーこだま）
add　宫崎县日南市饫肥8-1-1
open　11:30 ～ 14:00
close　周二（逢假日营业）
access　JR宫崎站搭乘JR日南线约70分钟可抵达饫肥
web　http://www.gallery-kodama.jp/

Kodama Gallery 展示的手工包包

MIYAZAKI
03
饫肥城

九州小京都

素有"九州小京都"美誉的饫肥城，是一处充满历史文化风情，并且随处都能吃到美味小吃的下町老街。我从来不知道原来宫崎县内藏有这样的地方，翻开出发前从羽田机场买来的九州岛导游书，居然也漏掉了这里。甚至跟身边的日本朋友提起时，众人也惊呼原来还有这样的世外桃源。

一看到饫（发音同"玉"）肥这个地名，老实说，真觉得字面上充满喜感，而且还未实际抵达，就已经能够想到，此地必为丰饶之地。因为饫肥的饫，本来就是饱足、饱食的意思。在《红楼梦》第一回提过"锦衣纨绔之时，饫甘餍肥之日"这句话当中的饫肥两字，意思就是饱食甘甜又丰盛的美味。果不其然，宫崎县的饫肥，就是个物产丰荣，得以边散步边享受小食的可爱下町。

从宫崎站搭乘JR日南线，约70分钟可抵达饫肥。饫肥城下町距离饫肥站还有一小段距离，搭出租车前往比较方便，费用也不高（车资比东京便宜）。到了饫肥城以后，记得先到"饫肥城观光案内所"（观光停车场旁）或"饫肥城历史资料馆"等地，购买附有饮食免费兑换券的通票。

这份"边走边吃，饫肥走透透"散步地图附门票暨饮食交换券相当划算。依照参观景点的多寡，有两种面额，分别是600日元跟1000日元。有了这份地图，除了可以进入各个展览馆，还可以在各个参观景点免费兑换当地美味特色小吃！而且东西都给得很有诚意！（详见http://www.kanlkou-nichinan.jp/event/expertyear/post-l4..html）

以鱼浆为基底的天妇罗是饫肥城的名产之一，称为"饫肥天"（おび天）。而我最喜欢的是饫肥的"厚烧"，也就是厚片玉子烧。这家"间濑田厚烧本家"卖的厚烧，吃起来充满弹性，甜美可口，而且蛋味香得非常优雅。老实说，如果没有人跟我说这是玉子烧，我真以为是布丁呢！

在饫肥城散步地图里的众多景点中，我特别想推荐的是饫肥城大手门、旧本丸迹、幸福杉木、历史资料馆、商家资料馆和鲤鱼游泳这几个地方。踏入饫肥城大手门以后，可以感受从石阶与砖瓦间飘散出来的浓郁历史气味。散步到后方的历史资料馆，则可以看到许多关于饫肥城的珍贵资料都收藏于此。

饫肥
access 从JR宫崎站搭乘JR日南线
约70分钟可抵达饫肥
web http://obijyo.com

　　这一带我喜欢的两个地方是旧本丸迹和幸福杉树。旧本丸迹是由一丛树龄 140 年的杉木围成的绿地。这绿地可不只是个形容词，因为这里布满了绿苔，就像一面巨大的天然地毯。站在这里，再烦躁的情绪也能立刻平静下来。因此，这里常被誉为"疗愈森林"，甚至还有不少年轻人来这里练习瑜伽。

　　幸福杉木则是由四棵巨大的杉树，以对角的方式组合而成的区域。据说，只要站在四棵杉木对角线交叉的中央，就能实现愿望、获得心灵的能量。所以，这里也成为当地人流传的"能量之地"。说起来，日本人真的很爱能量之地啊，而且只要被认定为能量之地的景点，观光客确实都特别多。不管到底是否真能获得神奇的力量，多多接触大自然，心灵能量自然也就会提高。

　　忽然，迎面而来几个刚下课的小学生，向我大声打了招呼："你好！"他们脸上充满笑意，稀松平常的问候，反而令住惯城市的我吓了一跳。随行的导游说，不论是认识的人或者陌生人，饫肥城的孩子们一定会在街上跟人打招呼。

　　饫肥城的街道上，辟出了流放鲤鱼的小水沟，是我钟爱的小风景。沿着水沟，放慢脚步，陪着泗泳的鲤鱼走一小段路吧！蓝天的光影倒映在流水之中，鲤鱼静好地向前游着，不疾不徐的速度，让人感觉这才应该是世界运转的优雅速度。

工作人员手持
饫肥城散步地图 menu

"间濑田厚烧本家"的厚烧

MIYAZAKI 04 军鸡隐藏

品尝宫崎地鸡人气店的美味

鸡肉沙拉

手捏鸡肉丸子

宫崎的名物之一就是宫崎地鸡。所谓地鸡，就是我们说的柴鸡，是以最健康的方式土生土长的鸡种，不以饲料豢养，拥有最天然的美味。想吃地道又精致的宫崎鸡，推荐一家宫崎市内的人气地鸡炭烤名店，名为"军鸡隐藏（ぐんけい隐藏）"。这家店用直营农场的宫崎地鸡，保证新鲜品质，并利用炭烤的方式，烤出鸡肉浓厚的美味食感。炭火烧烤的宫崎鸡肉，口感特别有弹性，表皮因为烧烤有一层薄薄的焦味，但随着牙齿咬进鸡肉，香醇的鸡肉香气立刻从齿缝之间跃出。吃炭烤鸡时，搭配宫崎县出名的调味料"柚子胡椒"更能带出口味的层次。除了招牌菜炭烤鸡肉，鸡肉套餐里还有各种以鸡肉料理的菜色，包括鸡肉刺身、鸡肉沙拉、炸鸡块、手捏鸡肉丸子、炸鸡翅等丰盛全餐。

我在东京去过宫崎地鸡专门连锁店，果然还是到了宫崎县本地吃，更能吃出宫崎地鸡闻名的美味。喜欢吃鸡肉料理的人，来到宫崎绝对不能错过大啖宫崎地鸡的好机会。而且比起东京，价格真的便宜很多！

ぐんけい隐藏（军鸡隐藏）
add ：宫崎县宫崎市中央通8-12
open ：17:00～24:00
close ：不定休
access ：JR宫崎站徒步约20分钟，或乘宫崎交通巴士至"橘通2丁目"下车，徒步5分钟
web ：http://www.gunkei.jp/

招牌炭烤鸡肉

MIYAZAKI 05 海幸山幸号观光列车

日南线观光特急"海幸山幸"
access 宫崎站～南乡站行驶
基本上只在周末、日本全国性假日和暑假行驶
web http://www.kankou-nichinan.jp/event/expertyear/post-15.html

山幸海幸列车内部

山幸海幸列车乘车券

从神话里走出来的列车

"海幸山幸"是JR九州铁道在宫崎站到南乡站之间运行的观光列车,如此美丽的名字,取自以南九州岛为背景的日本神话故事里的山幸彦与海幸彦,为这列奔驰于大自然中的列车增添了不少气氛。

海幸山幸号车厢采用木头质感的设计,从外观到内装,都有着极简且优雅的气质。特别喜欢白色车厢上运用黑色、红色与白色的字体及LOGO架构出来的视觉感。车厢内舒爽的木质装潢,让人以为走进无印良品的火车里了。

乘着可爱的海幸山幸,倚着窗,任凭窗外风景游移。未知的下一站,又会有什么惊喜,等着我去探寻?

【山幸彦与海幸彦神话】
山幸彦与海幸彦是一对兄弟,出自日本神话《记纪》。山幸彦擅长打猎,海幸彦擅长钓鱼,传说诞生地为宫崎平野。山幸海幸的一部分故事,也是民间传说"浦岛太郎"的原型。

KAGOSHIMA

鹿儿岛

鹿儿岛县

交通资讯

● **鹿儿岛→九州新干线**

▶ 行驶路线：

博多→鹿儿岛中央　行驶时间1小时42分钟

● **樱岛→渡轮**

▶ 行驶路线：

樱岛栈桥渡轮口→樱岛

从鹿儿岛中央站前，搭乘巴士至水族馆前（樱岛栈桥渡轮口）下车。或从JR鹿儿岛站下车，徒步7分钟到达渡轮口。转乘渡轮至樱岛。

▶ 票券购买：

① JR PASS（外国观光客可利用）

详细购买、价格与使用方式，请参考官方网站

http://www.japanrailpass.net/zh/zh001.html

② 樱岛周游巴士（可到樱岛主要景点）

http://www.kagoshima-kankou.com/tw/whatsnew/2011/11/-sakurajima-island-view.html

与活火山
比邻而居的默契

"人可以改变环境，
环境也足以改变一个人。
然而，在我们心底深处，
从味觉认同乡土的那份执着，
将一辈子根深蒂固。"

鹿儿岛，听名字就觉得充满画面感的神秘地方，是一处展现日本人与自然共存共生的绝佳代表。例如最具观光号召力的樱岛地区，是世界上少有的以近距离观赏活火山的地区。

从鹿儿岛市中心搭乘渡轮，约15分钟即可抵达。在鹿儿岛的樱岛，不仅可以欣赏自然景观，还能享受泡汤的乐趣。

KAGOSHIMA
01

樱岛

与活火山共存的默契

　　樱岛本来真的是一座岛屿，1914年的一场火山喷发以后，熔岩才将岛屿跟大隅半岛连在一起。虽然如此，如今前往樱岛，仍是搭乘渡轮最方便。这座活火山海拔1117米，直径约50公里，由南岳和北岳组成。现在经常会看见喷发烟雾的是南岳，几乎每天都有3次左右的小喷烟。稍微"幸运"一点，就可以目睹较浓的烟雾喷发。

　　以电影《无人知晓的夏日清晨》闻名的导演是枝裕和，在近作《奇迹》中，让我印象最深刻的就是住在鹿儿岛的孩子，总是会画出樱岛喷火的图画，并且问大人："真搞不懂为什么要跟火山住在一起？"在樱岛的街道

上，不仅随处能见到防灾壕沟，所有上下学的小朋友也规定要戴钢盔，这已经成为生活的一部分。

鹿儿岛当地人早就习惯樱岛的火山喷发。对于观光客来说，看到火山口冒出浓浓的烟雾，总有点担心。不过，当地人告诉我，现在多半只是些小喷烟而已。即使真的有大的喷发，岩浆从山顶到山脚的速度，差不多也要一天的时间，绝对来得及做好各种准备。

观察今天喷发的烟雾往哪里飘，是他们一天最初的反应。由此得知今天放学或下班回到家里，是不是得清理屋子里外落下的火山灰。甚至有不少鹿儿岛人在火山喷发的那一刻会与朋友打赌，猜一猜，今天的烟雾往哪个方向飞。

我们眼中险峻的生存环境，应该远离为上策，但在鹿儿岛人心中，他们却选择跟自然共处。他们不愿离开，离开一个不可替代的原乡。他们靠着一代代流传的经验，摸索到跟这座火山共存的默契，比科学观测更准确。他们清楚地知道如何利用火山地质，研发并栽培出恰当合宜的农作物，也知道利用火山带来的温泉，开拓生活的享受。这不就是所谓的人与自然的天人合一吗？

在樱岛的旅游中心可以了解樱岛的历史，朝旅游中心对面的锦江湾国家公园里走去，有一座号称日本最大的户外足汤。一边享受温泉，一边看着远方火山的喷雾景致，恐怕是世界上独一无二的体验。

此外，游樱岛还可以利用"樱岛周游巴士"。以樱岛港为起点站，途经火之岛惠馆、彩虹樱岛饭店、游客中心、展望所等景点，一周约60分钟。

● 樱岛周游巴士
open 9:00～16:35
每天运行约8个班次
cost 110～430日元
一日券为500日元
web http://www.kagoshima-kankou.com/tw/whatsnew/2011/11/-sakurajima-island-view.html

KAGOSHIMA
02
鹿儿岛

没有鹿也不是岛

鹿儿岛没有鹿，也不是岛，这恐怕是初次前往本地观光的游客，必须先知道的一件事。老实说，我对鹿儿岛的第一印象，确实也来自对这个美丽地名的误解。

后来终于对鹿儿岛有了准确的认识，是这里的名产。在日剧《Slow Dance》里，主人公为了开小酒馆，远从东京前往鹿儿岛，为的就是登门拜访许多制酒商家，寻找美味的萨摩芋烧酎。至于近期中国人对于鹿儿岛的印象，则有不少来自于NHK大河剧"笃姬"，这位开日本新时代女性之先河的女性，正是出身于鹿儿岛的指宿地区。

【鹿儿岛】
鹿儿岛县在地形上以萨摩半岛和大隅半岛为主，中间的锦江湾则有迄今活火山活动仍相当活跃的樱岛。

人气菜单笃姬膳

KAGOSHIMA 03

萨摩路

黑毛猪涮涮锅

鹿儿岛的名物除了烧酎,本地饲养的黑毛猪也颇负盛名,其中又以黑毛猪涮涮锅最为人赞赏。

在鹿儿岛市东千石町的这家乡土料理"萨摩路"就能吃到地道的美味。创立于1959年的老店,秉持着一如既往的精神和料理的丰富经验,如今希望为新世代的消费者,开拓出更值得回忆的美味。

吃鹿儿岛的涮涮锅,最好的时段为中午,因为食材十分高级,在午餐可以享受到更划算的价格。我这一餐2100日元,比起东京的物价,算是便宜。鹿儿岛的猪肉口感确实不同,入口的感觉相当清爽,一点猪肉的腥膻味都没有,搭配九州岛偏甜的酱油一起吃,风味绝佳。

"萨摩路"地道鹿儿岛猪肉拼盘

共进午餐的当地朋友,学生时代在东京的早稻田大学念书。她告诉我,不管鹿儿岛人在东京住了多少年,再怎么样都难以适应的就是酱油和猪肉的味道。因为从小就习惯了鹿儿岛美味的猪肉,觉得东京的猪肉实在难以下咽。

人可以改变环境,环境也足以改变一个人。然而,在我们心底深处,从味觉认同乡土的那份执着,或许将一辈子根深蒂固。

◉ 创作乡土料理"萨摩路"(さつま丰路)
add 鹿儿岛县鹿儿岛市东千石町6-29
open 11:30～14:30/17:30～22:00/close 元旦假期
access 市电"天文馆通"站下车,徒步约5分钟
web http://www.satumaji.co.jp/index.html

KAGO SHIMA 04

指宿的玉手箱号

指宿的玉手箱号列车内部

浦岛太郎的玉宝盒

"指宿的玉手箱号"是从鹿儿岛中央站到指宿之间运行的观光列车。2011年九州岛新干线全线开通到鹿儿岛后开始运行。列车名出自浦岛太郎传说里的"玉手箱"(日文"玉宝盒"之意)。故事里的浦岛太郎打开宝盒以后,盒子里冒出来的烟雾,让他瞬间从黑发变成白发。为了配合故事气氛,每当列车抵达指宿站以后,车门上就会开始喷雾,让整节列车弥漫在一阵魔幻的烟雾里。此外,车厢的颜色也从传说发想,漆成一半黑一半白,视觉效果相当逗趣。

指宿的玉手箱号车厢内,有一排面向窗户的座位,能够看到沿线海景,坐在这排位子上,绝对是浪漫到几乎要飞起来的享受啊。

翻开一本书,喝杯咖啡吧,坐着指宿的玉手箱号往前飞奔,等候着当宝盒打开之际,眼前又将是一片鹿儿岛的惊艳景色。

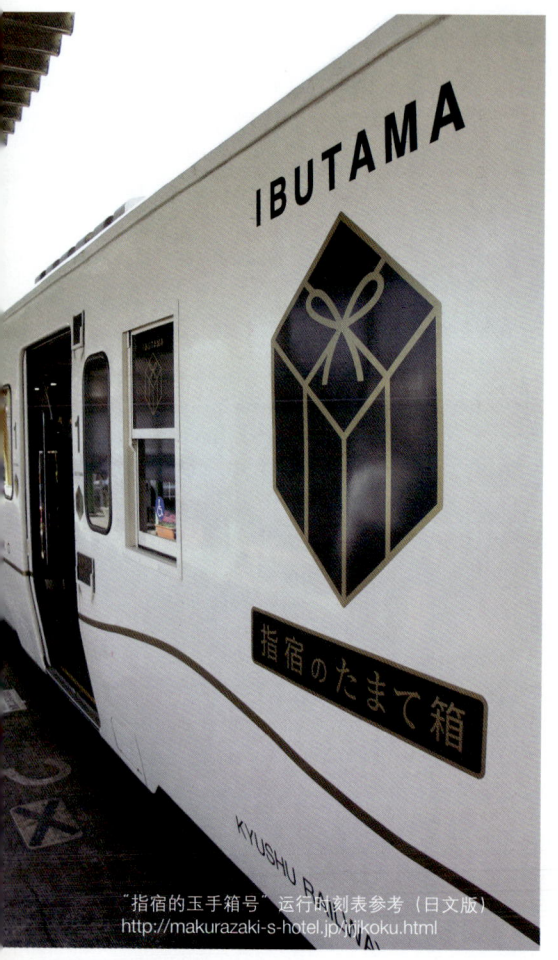

"指宿的玉手箱号"运行时刻表参考(日文版)
http://makurazaki-s-hotel.jp/jnjkoku.html

象征传递幸福的黄色邮筒　　经纬度指南

朝圣 JR 日本最南端车站

KAGOSHIMA 05
西大山站

喜欢铁道的人真不少，到日本这个铁道王国，有许多指标性的铁道据点值得一看。其实我不算是铁道迷，线路种类啊列车型号啊，称不上有非常大的兴趣；不过，若是特殊的观光列车，或者是与铁道相关的据点，就会有想去朝圣一番的冲动。东西南北最极端的车站，就是其中之一。

鹿儿岛的西大山站是 JR 日本最南端的车站。这么说可能有人会误会，那把冲绳的车站放到哪儿去呢？原来，这里所谓的最南端，指的是 JR 铁道公司的体系。在 JR 经营的铁路中，西大山站，就是日本最南端的车站。

一抵达这个重要据点，几乎每个人都会吓一跳。"啊，就这样？"是的，这个最南端的车站，没有车站建筑也没有售票口，只有一个小小的月台，在田野中间。但是，西大山站根本不需要任何车站建筑来增添它的光彩。因为，最棒的车站风景，就是从月台望去的三角锥状的"开闻岳"大山。尤其是在一月的油菜花季节，当两节短短的列车驶入最南端车站时，从月台上望去，视线奔过油菜花田冲向远方的大山，激散出一片灿烂的辽阔感。配合油菜花的颜色，西大山站设置了难得一见的黄色邮筒。据说能传递幸福的黄色邮筒，吸引许多人从这里寄出明信片给亲朋好友。

一旁的观光案内所除了贩卖明信片，还发行最南端车站到站证明书。当地农家栽培的新鲜农作物，这里也可以买到。此外，还提供租用自行车的服务。两小时 500 日元，4 小时 1000 日元，4 小时以上是 1500 日元。

【开闻岳】
萨摩半岛南端的火山，高 924 米，属于雾岛屋久国立公园。被列为日本百大名山、新日本百大名山及九州岛百大名山。因山峰圆锥形的外观，被誉为"萨摩富士"。

KAGO
SHIMA
06

沙蒸会馆砂乐

另类泡汤之沙蒸温泉

鹿儿岛的观光胜地都是得天独厚的。除了活火山樱岛，南方的指宿也是天然地理造就的风格独具的景点。指宿是鹿儿岛有名的温泉胜地，温泉旅馆林立。最特别的莫过于利用温泉涌现的沙滩，将身子埋进热乎乎的温泉沙堆里，享受所谓的"天然沙蒸"法，是多数人从未体验过的另类泡汤。

从鹿儿岛中央站出发搭乘"指宿的玉手箱号"，约50分钟就可抵达指宿站。想体验所谓的"天然沙蒸"法，非来沙蒸会馆"砂乐"不可。

沙蒸会馆是在海边的天然温泉。涌出的温泉，将沙滩蒸热，然后钻进专人为你铲开的沙坑里，再由工作人员将热热的沙子堆在你身上，最后，只剩下一颗露在外面的头。入沙蒸温泉前要先换上浴衣，头上包浴巾，然后躺进工作人员挖好的沙坑，接着让他们用铲子把沙子覆盖在身上。啧啧啧，一整排人都埋在土里，只露出头来，感觉还蛮惊悚的。还要放一把小阳伞在旁边，这是哪招？原来是为了防晒。

说真的，被埋起来的感觉挺奇怪的，不过当"工程"完成以后，真的是前所未有的感觉。沙子有重量，会增加心脏的输血量，加上沙子有温度，全身的血液循环顿时加快。很有趣的是，全身上下居然有一种被按摩的感觉，相当舒服，不知不觉就睡着了！

【沙蒸温泉】
据说沙蒸温泉含有丰富的温泉矿物质，经医学证明对神经痛、风湿、腰痛、肩周炎等，都具有不错的疗效。

🌀 **指宿天然沙蒸温泉（砂むし会馆砂楽）**
add　鹿儿岛县指宿市汤之滨5-25-18
open　8:30～21:00（最后入场20:30）
access　JR指宿站下车，转乘路线巴士至砂むし会馆站下车，约5分钟
web　http://www11.ocn.ne.jp/~saraku/saraku00.htm

KAGO
SHIMA
07

指宿岩崎大饭店

指宿岩崎度假酒店（指宿いわさきホテル）
add　鹿儿岛县指宿市12-3755
access　从JR指宿站转乘巴士，6分钟抵达
　　　　出租车4分钟
web　http://ibusuki.iwasakihotels.com/zh/

充满南国热带风情的饭店

　　在指宿投宿的地方，是一间充满南国热带风情的指宿岩崎度假酒店。饭店的任何角落都能见到绿色景观。当我一踏进饭店大厅，并从大厅穿过走廊，走向客房的一路上，都有种此刻并不在日本，而在东南亚的错觉。

　　晚餐如果在饭店享用和食，有海鲜、肉类或涮涮锅等。每一样食材都有一定水平，特别是海鲜或生鱼片，自然也保有不落人后的新鲜度。早餐是西式自助餐餐点。

　　客房称不上精致或豪华，不过很干净、宽敞。从饭店窗台望出去，就是蓝天大海，以及饭店附属宽广的庭园与游泳池等设施，是一家能让人放松身心的酒店。

酒店提供的西式自助早餐

KUMAMOTO

熊本

熊本县

交通资讯

九州新干线

▶行驶路线：

①博多（福冈）→熊本
　　行驶时间40分钟

②鹿儿岛→熊本
　　行驶时间45分钟

③新大阪→熊本
　　行驶时间3小时～3小时半

▶票券购买：

① JR PASS（外国观光客可利用）

详细购买、价格与使用方式，请参考官方网站
ttp://www.japanrailpass.net/zh/zh001.html

②熊本城周游巴士（しろめぐりん）一日券

票券售价	成人票300日元、儿童票150日元
购票地点	站前公交巴士亭、各大饭店与巴士内均可购买
发车时间	每天8:30至17:10，从JR熊本站前发车 经过熊本交通センター（交通中心） 抵达熊本城周边的观光地
注意事项	每20分钟间隔发车
详细路线	http://www.manyou-kumamoto.jp/ contents.cfm?id=602

与自然相拥

"熊本的阿苏高原，
被誉为全世界规模最大的
重叠式火山洼地，
造就了现今十分壮观的
大自然景色。"

熊本有什么昵？首先想到的也许是熊本城吧。就算是对熊本这个地方没有特别的印象，相信只要看过一次熊本吉祥物就不可能忘记。这个名为Kumamon的可爱小黑熊，以可爱的微笑和害羞的发红双颊，欢迎每个来到熊本的旅人。熊本以天然好风光为特色，你可以在这里享受到阿苏高原绝景，也能在山林里骑马，看星光。

九州新干线樱花号列车

九州岛新干线樱花号列车内部

熊本站车站入口

KUMAMOTO 01 — 樱花号初体验

充满大人味的列车

抵达熊本，从鹿儿岛出发，可以搭乘九州新干线的樱花号。樱花号是许多喜欢新干线的铁道迷近来特别想搭乘的列车。因为樱花号车厢跟其他新干线都不同，既然名为樱花，车厢便名副其实的以树木为概念，设计出木头质感的座椅与车厢内设计。

新干线樱花号因此让人感觉特别有"大人味"，充满成熟稳重的氛围。而熊本站为了迎接新干线的开通，也重新打造出一座相当有设计感的车站外观。车站入口乍看之下，还以为是美术馆的入口呢。

从鹿儿岛出发，搭乘新干线约45分钟即可抵达熊本站。如果从新大阪站出发，大约需要3小时的车程。

KUMAMOTO 02 — 熊本城

参观人次最多的日本古城

熊本城是日本三大名城。加藤清正公花费了7年，在1607年打造完成的熊本城，迄今已超过400年。

一踏入熊本城，就给人规模宏伟的印象。跟其他日本城不同的是，熊本城天守阁底座的石垣，角度陡峻，弧度美丽，因为让外来的侵入者难以攀爬，故得"武士返回"的昵称。此外，熊本城外围的城墙周长达12公里，造就其易守难攻的特征。

我特别震撼于天守阁旁的"本丸御殿"。这里是以加藤清正当年的居住及办公空间为标准，根据流传下来的地图与文献，在2008年复原、重现出53个房间、1570叠榻榻米的历史空间。

在本丸御殿里，可以清楚地看见日本人如何利用高科技和职人手工技术，一砖一瓦抓回在历史中流逝掉的珍贵宝藏。不只大东西，小到你可能一点也不在乎的门闩装饰，其实，背后都是专业的技术职人根据史实，一丝不苟打造出来的。尤其是"昭君之间"里的壁画与天棚装饰，也在手工技术中，找回了险些失散的江户气氛。在还原历史的过程中，更重要的是职人们手下的精致技术也得以流传。

【日本三大名城】
其实三大名城定义十分暧昧，有人认为是"熊本城、名古屋城、大阪城"，也有人主张是"姬路城、熊本城、松元城"，理由和条件不一，并无确切说法。但无论哪一种说法，熊本城都包括在内。

□ 熊本城
add　熊本县熊本市本丸1-1
open　8:30～18:00
　　　（1～3月至17:00）
close　2月29～31日
access　●市电：熊本站前电站
　　　→熊本城·市役所前站
　　　约10分钟
　　　●巴士：熊本站前巴士站
　　　→交通センター（交通中心）站
　　　约10分钟
web　http://www.manyou-kumamoto.jp/castle/~saraku/saraku00.htm

KUMAMOTO 03
樱之马场城彩苑

城彩苑
add 熊本县熊本市中央区二之丸1-1-1
open 礼品处：9:00～19:00（3～11月）
9:00～18:00（12～2月）
餐厅 11:00～22:00（最后点餐21:00）
access 熊本市电熊本站前站→熊本城前站
或市役所前站下车，约10分钟
熊本城周游巴士（しろめぐりん）亦可抵达
web http://www.sakuranobaba-johsaien.jp/

熊本小黑熊欢迎你！

"城彩苑"位于熊本城脚下，是一处重现江户风情的观光商店街。二十多间特色店铺聚集于此，可以在这里一网打尽熊本的美食和名物。熊本名物当中，有一道配菜是加了芥末的莲藕切片（森からし莲根），外观很漂亮，不过如果是怕芥末的人，入口可要小心。我吃了一片以后就谢谢大家退场了，但同行的日本前辈爱不释手，觉得是绝佳的下酒菜。

"城彩苑"里最吸引我的，除了贩卖着各种熊本吉祥物kumamon的周边商品，还有一个以多媒体影像设备打造的熊本城资料馆，值得一访。

资料馆里没有枯燥的文件展示，有的多是互动式的影像介绍，浅显易懂，让你快速了解熊本的历史。

其中特别有趣的是在中央有一块类似鸟瞰地图的投影。只要你站到地图上，高科技投影就会立即感应到，在你脚下的现代地图，立刻变成古地图。一边走，时间也就跟着你的步伐而变化。古今对照，变得如此简单而有趣。休息模式中，地图投影会变成鲤鱼池。同样的，当你站在池水投影上，波纹就会出现。鲤鱼会闪躲你的脚步，你想踩它，它就会游开，十分机灵。不一会儿，池水消退，地图再现。

历史也是这样，在时间的洪流中沉淀下来了一些什么，也闪躲掉了一些什么吧。所谓的"真实"是微妙的，毕竟历史是诠释的角度。人的情感也是诠释的角度。愈是想要定格的记忆，愈是如投影中闪躲的鲤鱼，只能远观，然后模糊。

加了芥末的莲藕切片

KUMAMOTO 04
黑亭拉面

创业五十年的熊本拉面

　　熊本拉面的特色，是以白浊浓厚的猪骨汤为基底，撒上大蒜切片，并采用中度粗细的面条为主流。今日拜访的是熊本市内据说无论何时都得排队进场的名店：黑亭拉面。不可思议的是，这一天我到场时竟然完全不用排队，就进到店里了。随行的当地日本人感到非常惊讶，直说我很幸运。

　　拉面的面条与食材，都是自家制作，别无分号的口味。据说熬煮汤汁时，加入鲜奶为其鲜少向媒体透露的秘诀。其中，最受欢迎的招牌是叉烧豚骨拉面（820 日元）。一般拉面也有叉烧，只是较少（590 日元）。加入生鸡蛋的吃法，在东京几乎没有见过。而且一次两个，配上中国风浓郁的"囍"字拉面碗，也算是双喜临门的吃法吧。

黑亭拉面店员送上现煮拉面

黑亭拉面招牌菜
叉烧豚骨拉面

熊本黑亭拉面（黑亭ラーメン）
add　熊本县熊本市二本木 2-1-23
open　10:30 ～ 20:30
close　每月第一、第三周的周四
access　JR 熊本站，徒步 7 分钟
　　　熊本市电（A 系统）二本木口站徒步 3 分钟
web　http://www.kokutei.co.jp

KUMAMOTO 05 — 走入阿苏高原

青春永驻的泉水

熊本最值得骄傲的,并不是熊本拉面,而是丰富的自然景观。熊本的阿苏高原,被誉为全世界最大规模的重叠式火山洼地,造就了现今十分壮观的大自然景色。和鹿儿岛、樱岛一样,阿苏火山内的洼地也住了居民,甚至多达5万人,这也是世界上少见的"火山共栖"生态。在阿苏高原,可以享受各式各样的野外活动,夜里也能投宿在郊外,享受与自然彻底亲近的一刻。

阿苏在27万年至9万年前,曾发生4次大规模的爆发,从此就形成了这个东西达18公里,南北达25公里,周长约128公里的世界最大火山洼地。如今的阿苏火山依然会冒出烟雾,随着季节和气候改变,展现出特有的自然景观。

前往夜里投宿的地方时,途经一阿苏神社。神社里有一泉水,号称是喝了以后能常保年轻。每当碰到这种泉水,当然要马上多喝几口啦!

神社里有一棵大树,男生往左边绕两圈,女生往右边绕两圈,据说能庇佑姻缘。也许暗喻着,圆满的爱情本来就该是一个圆。开始和结束,蓦然回首,皆是人生的循环。

阿苏神社号称能常保年轻的山泉水

阿苏神社
- add　熊本县阿苏市一之宫町宫地3083
- open　参拜自由（办事处9:00～16:30）
- access　JR九州岛丰肥本线宫地站 徒步约15分钟
- web　http://www.asocity-kanko.jp/spot/24/

KUMA MOTO 06

阿苏Farm Land

阿苏 Farm Land 夜间灯光点缀　　蒙古包内部

有如蒙古包的圆顶旅店

来到阿苏,夜里投宿的地方非常特别。这个名为阿苏 Farm Land 的度假村,在阿苏乡间,每一栋客房都是独立的,而且外观的圆顶形状就像是蒙古包一样,相当有趣。阿苏 Farm Land 占地广大,一眼望去,都是圆顶建筑的客房,非常壮观,颇有来到外太空星球基地的错觉。

这个度假村提供许多种森林户外游乐设施,还有迷你动物园。最自豪的就是拥有各式各样的草药温泉池、阿苏健康火山温泉,以及号称日本最大的露天温泉,男女各坐拥一千坪。到了晚上,在灯饰花园的衬托下,可以选择各国料理的美味晚餐也是投宿此地的重点之一。

晚上回到蒙古包的圆顶房间后,就开始品尝从度假村里的土产店买来的阿苏名产!阿苏因为有很多牧场,鲜奶和乳制品的甜点也特别出名。我挑了阿苏布丁跟焦糖牛奶糖试吃。牛奶糖味道普普通通,但布丁真的很香浓!使用了阿苏特产的牛奶,让布丁的口感醇厚浓郁,香味残留口中久久不散。如果有机会来到阿苏,一定要吃布丁!

阿苏 Farm Land
add　熊本县阿苏郡南阿苏村河阳5579-3
open　各设施不一,请参照官网
access　JR 丰肥本线赤水站车程约7分钟
　　　　熊本机场出发车程约30分钟
web　http://www.asofarmland.co.jp/index.php

阿苏特产布丁

九州

OITA
大分

大分县

交通资讯

电车 JR 特急ソニック 43 号

▶行驶路线：
博多→大分
行驶时间 2 小时 15 分钟

▶票券购买：
① JR PASS（外国观光客可利用）

详细购买、价格与使用方式，请参考官方网站
http://www.japanrailpass.net/zh/zh001.html

温泉氤氲的浓厚人情

"老板娘激动地向我道谢。
我一时惊慌，以为她认错人，
后来才知道，
她要向所有援助
日本地震的人道谢。"

很多人对大分县的印象非常模糊，甚至买一本九州导游书来看，只会有别府和汤布院，可能还找不到大分县独立成章的介绍。确实，提到别府和汤布院时，这两大温泉名胜地的名声，可能远比所在地大分县更响亮！不过，大分县除了温泉，还有不少值得开发、前往一探的旅游新景点。例如老街散步，吃河豚料理（大分县是河豚料理的原乡）以及租借自行车的乡间骑车之旅。

OITA 01 — 臼杵城迹

雨中风情

位于大分县东海岸的臼杵,靠近大分市,以臼杵石佛和酱油闻名。目前来自国外的观光客还不多,对喜欢来一趟"跟别人不同"旅行的人,是值得探访的新地方。

最近,臼杵因为保存了日式传统老街,成为日本人拜访大分县的别府温泉或汤布院时,顺道绕过来逛逛的地方。这次来到臼杵,也是特别来逛一逛"臼杵城迹"与周围的老街。

抵达的这天早上,臼杵下起了大雨,气温骤降。大雨让行动有些不便,但特别有气氛,雨中的臼杵,同样也因为雨水,让这座布满石阶、木屋的日式传统小镇,流淌起寂静且优雅的风情。

"臼杵城迹"是中世纪到近代,日本往昔城址的遗迹,如今建筑虽然多是复建,没有当初的建筑完整保留下来,但以城迹为中心打造的臼杵公园,则成为休闲场所。每到樱花盛开季节成为赏樱胜地。

臼杵城迹日式传统建筑

臼杵老街,保留了非常多的日式木造建筑。其中有些是商店,有些则开放为史料馆供人参观,但大部分仍为住宅。外国观光客或许对这些不熟悉的历史不感兴趣,不过,走在这些古老建筑簇拥的石坂街道中,光是气氛就得以满足。商店的招牌都很有古意,即使并非老店,比如冰淇淋店或小酒吧也会配合此地氛围,挂出合宜的招牌。

商店街里有贩卖酱油、味噌和酒的商家,我特别推荐味噌饼干。带着甜味的味噌香,随着饼干的清脆入口,混合成一种特殊的味觉。

天冷,进店里买一粒刚蒸出来的"酒馒头"吧,入口就能温暖起身子。或者,走进日式建筑里的洋风咖啡馆小歇一番也不错。静静地等待一场大雨过去,喝杯茶,往事和未来,都在这里陪你们。

现做的「酒馒头」

【酒馒头】
以糯米和米麴,添加甜酒(甘酒),混进小麦粉以后发酵,再包进红豆馅以后蒸熟的甜包子。日文中的"馒头"其实是中文里的"包子"。

臼杵城迹
add　大分县臼杵市大字臼杵91番地
access　JR日丰本线臼杵站徒步10分钟
web　http://www.usuki-kanko.com/

OITA 02

河豚料理初体验

师傅现场料理河豚

🔶 **割烹 MITSUGO 河豚料理（割烹みつご）**
add　　大分县臼杵市挂町6组
open　 11:00～14:00/17:00～22:00
close　不定休
access　JR日丰本线上臼杵站
web　　http://mitugo.net

新鲜河豚生鱼片

新鲜河豚握寿司

新鲜的味觉体验

　　河豚料理我也是第一次尝试。对不少日本人来说，吃河豚是品味高级料理的享受，这或许跟成长和文化背景有关。对我而言，吃河豚与其说感受好吃与否，不如说纯粹是一种新鲜的味觉体验。

　　"割烹MITSUGO"的河豚料理套餐，价格从最便宜的5250日元起跳，随着菜式的多寡和食材的高级与否，最贵到18900日元。

　　河豚的肉质富有弹性，入口时颇有嚼劲，跟吃一般鱼肉很不同。套餐中，各式各样的料理方式，将河豚料理的变化发挥得淋漓极致，让我再次佩服日本人海产烹饪的功力。

耶马溪铁道自行车步道　　耶马溪铁道旧址

OITA 03 耶马溪自行车步道

自行车步道排行榜第一名

大分县中津市的耶马溪，以乡间散步和自行车步道闻名，尤其是在秋天红叶季节，沿线景色更是美不胜收。

从 JR 博多站搭乘特急，到中津站约 80 分钟。中津站下车以后就有出租自行车的服务，但是这里的租借只限中津市内观光，不能骑到耶马溪。如果要进行耶马溪骑车之旅，必须到以下三个租车点租自行车：

洞门自行车中心（洞门サイクリングターミナル・センター）；

耶马溪自行车中心（耶马溪サイクリングターミナル）；

Coayamakuni 自行车中心（コアやまくにクイサリングターミナル）。

从中津站前搭乘巴士前往这三个租车中心的方式，参见下表。

租车中心	巴士站	交通方式
洞门自行车中心	中津站前→ 青の洞门停车场	大分交通"日田行き"方向，或"柿坂行き"方向，或"豊後森行き"方向，或"守实温泉行き"方向的巴士。
耶马溪自行车中心	中津站前→ 柿坂（耶马溪町）	大分交通"日田行き"方向，或"柿坂行き"方向，或"豊后森行き"方向，或"守实温泉行き"方向的巴士。
Coayamakuni 自行车中心	中津站前→ 守实温泉（山国町）	大分交通"守实温泉行き"方向的巴士。如果搭乘"日田行き"方向，则在"守实"下车。

耶马溪铁道入口　　木精座咖啡内部

　　耶马溪自行车步道之所以闻名，除了自然景观优美，最特别的是利用了旧耶马溪铁道，将废弃后的路沿着山国川，从中津到守实，开拓成总长达35公里、堪称西日本最长的自行车专用道路。几年前，耶马自行车步道获得日本经济新闻社票选"自行车步道排行榜"第一名。不只喜欢骑车的人，也吸引了不少铁道迷前往朝圣。

　　骑着车，沿线可以欣赏到铁道旧迹、山洞、铁桥和旧车站，甚至还有"木精座"这样的山林咖啡馆可以入座休息。木精座咖啡馆，改建自昭和初年遗留下来的小学校舍，飘散着怀旧气氛。室外依然下着大雨，躲进咖啡馆，听老板娘热情招呼客人、闲话家常。知道我从台湾来以后，老板娘激动地向我道谢。我一时惊慌，以为她认错人，后来才知道，她要向所有帮助过日本的人道谢。

　　老板娘的真心热情，以及越过一面海洋的情谊，仿佛那温度超越了室内老式暖炉燃烧的柴薪，让整间屋子更加暖了起来。

木精座现煮咖啡

❂ **耶马溪自行车中心**
web　　http://www.city-nakatsu.jp/kankou/
　　　　syukuhaku/2011081100846/
　　　　http://www.yabakei01.com/yabakei_t.html

❂ **木精座咖啡**
add　　 大分县中津市耶马溪町平田1525
open　 12:00～22:00
close　 周二
access　JR日丰本线中津站前
　　　　搭乘大分交通巴士往"柿坂"方向，约40分钟
　　　　到耶马溪高校前站下车，再徒步5分钟

OITA
04

小泊别府

杉乃井大饭店

大分县最重要的观光资源就是温泉了。汤布院和别府的盛名并驾齐驱，这一次，选择的是历史较为悠久的别府温泉。除了别府温泉，大分县还有一个较少人知道的日田下町小镇，很值得一去，在那里可以享用当地知名的 mabushi 鳗鱼饭。

从大阪伊丹机场出发，搭飞机到大分机场约 1 小时，再转搭机场特急抵达别府北滨，约 40 分钟。新大阪搭乘新干线，到小仓站转乘 JR 日丰本线特急，约 3 小时 45 分钟可抵达别府站。至于从博多搭 JR 日丰本线特急，最快只要 1 小时 50 分钟就可以抵达。

投宿的温泉饭店名叫杉乃井大饭店，这间饭店的大众露天温泉特色在于可以看尽整个别府的"棚汤"。棚汤的设计是一个大展望平台，就像有些饭店的屋顶游泳池一样，没有任何围墙阻挡池子四周，视线可以一目了然。

杉乃井大饭店的早晚餐均是自助餐形式。偌大的用餐空间提供各国料理。日式的海鲜、寿司、拉面、天妇罗等和食料理，自然也是一项不缺。饭店房间也十分宽敞。和洋交融的房型设计，让温泉旅馆翻新出设计感。

隔天清晨，温泉乡山林里气温很低，又飘着小雨，我实在懒得走出房间到大众池泡汤了，于是就在这小小的阳台上，享受一人份的露天风吕时光。身上泡得热乎乎的，精神也抖擞起来，准备出发到下一站。

日式炸鸡大本营

大分县还有另一项特产，就是日式炸鸡（鸡唐扬）。鸡唐扬是日本的家庭料理，也

杉乃井饭店的早餐　　大分的炸鸡店

是居酒屋的必备菜。而全日本的每年吃掉最多鸡唐扬的地方，就是大分县。

大分县人的零食就是炸鸡。在大分可以随处看到鸡唐扬的专卖店。最近东京也开始刮起鸡唐扬专卖店的风潮，其中有不少还标榜是来自大分县的手艺呢。

【别府温泉】

素有"别府八汤"的别府温泉，号称涌泉量和涌泉数都是日本第一，是同县的汤布院一倍以上。地球上总共有11种泉质，别府就囊括了10项！温泉种类丰富得相当惊人。除了一般的温泉，还有许多特殊温泉。如砂汤、蒸汤、泷汤、泥汤等，简直就是温泉的百宝箱。

杉乃井温泉大饭店
- add 　大分县别府市观海寺1
- access 从JR别府站西口ホテルフジヨシ停车场搭乘饭店接驳巴士。详细班次请参照官网：http://www.suginoi-hotel.com/access.html
- web http://www.suginoi-hotel.com/taiwan/index.html

Okina炸鸡（おきなからあげ）
- add 　大分县中津市耶马溪町大字户原20-4
- open 9:00～19:00/close 周二
- access 无大众交通工具，从JR中津站搭出租车34分钟
- web http://www.city-nakatsu.jp/kankou/karaage/2011072500051/

日式炸鸡

别府温泉蒸菜

别府温泉饭店室内

OITA 05

豆田町

江户风情

大分县的日田市豆田町，如今仍留存着过往江户时代的街坊风情，走进这座下町小镇，不仅能感受到老街氛围，更可以体会日本乡间浓厚的人情味。

豆田町上有一座"薰长酒藏资料馆"，是从江户时代就建造的酒藏，展示着古时候酿酒制酒的器具。在藏元商店里贩卖着当地产的美酒，同时也提供清酒、烧酎等酒类的试饮。除了酒以外，日田市的地方特产也能够在此找到。

我喜欢在凉凉的天气里，来一杯甘酒，甜甜的好滋味。所谓甘酒，味道就像甜酒酿一样，只不过酒味没那么浓。即使是不胜酒力的人，喝甘酒也绝对没问题。街上小店还卖葛汤，浓稠的，带着甜味，据说可以预防感冒。

薰长生原酒

来到日田市豆田町，就应该放慢脚步，才能够品味到这里在悠缓步调中散发出来的美感。我特别喜欢豆田町在老建筑之间，有小运河流过的场景。沿着溪畔散步，大好晴天，偶一转角，颇有置身京都巷弄的错觉。

现煮酒藏的酒粕

🏠 **薰长酒藏资料馆**
add　大分县日田市豆田町6-31
open　9:00 ～ 16:30
access　JR日田站徒步15 ～ 20分钟
web　http://www.kuncho.com

前往日田市豆田町的交通方式

● 从福冈方面来：JR博多站（JR鹿儿岛本线/JR久大本线）约1小时20分钟至JR日田站下车，徒步15分钟
● 从大分方面来：JR大分站（JR久大本线）约2小时10分钟至JR日田站下车，徒步15分钟
● 从熊本方面来：JR熊本站（JR鹿儿岛本线/JR久大本线）约2小时至JR日田站下车，徒步15分钟

豆田町散步地图：http://www.hita-mameda.jp/map.html

OITA 06

日田鳗鱼饭

日田鳗鱼香

日田市豆田町的另一名产就是鳗鱼。没走几步路，遇见的餐厅就是卖鳗鱼饭的。不过，在豆田町的鳗鱼屋里，鳗鱼的料理方式跟吃法都和关东地区不同。这种鳗鱼饭有个专有名词，叫作"mabushi"（まぶし）。例如这家，日田mabushi（まぶし）千屋。

传统关东地区的鳗鱼料理方式是蒸的，而这里的鳗鱼饭，则是用蒲烧的方式慢火烤出来。外皮烤得酥酥脆脆的，内在的肉质仍保持柔软，淋上甜甜的蒲烧酱，相当可口。此外，还有一个不同，就是mabushi鳗鱼饭在形状上也不是大块的盛放在饭上，而是切碎成长条丝状。

至于吃法，就更特殊了。共有三个步骤。第一种吃法，是端上来的鳗鱼饭，就这样吃，感受原味。第二种吃法，是加入芥末葱酱跟日田名物"柚子胡椒白萝卜泥"，跟鳗鱼饭混着一起吃，让淋着蒲烧酱的鳗鱼饭，透出另外一种风味。最后一种吃法是加入汤汁，变成茶泡饭。

mabushi鳗鱼饭的三步吃法，对于本来就喜欢吃鳗鱼料理的人，肯定是一种全新的体验。

mabushi 鳗鱼饭
另一种吃法：茶泡饭

芥末葱酱与柚子胡椒白萝卜泥等多种佐料

mabushi 鳗鱼饭套餐

日田mabushi（まぶし）千屋
add　大分县日田市豆田町4-14
open　11:00～20:00
access　JR日田站，徒步约10分钟
web　http://www.hita-yoroduya.com/senya/

嶋屋店主

OITA
07
咖啡谈义所：嶋屋

宫崎骏和日本皇太子亲临的吃茶店

享用过美味的鳗鱼饭以后，当然不能少了好吃的饭后甜点。在豆田町里散步，遇见了这间看起来古色古香的吃茶店，而且有个很特殊的店名，咖啡谈义所：嶋屋。

点一份冒着白烟，热腾腾的善哉（红豆汤）跟黄豆粉白玉（麻薯），搭配清爽可口的抹茶，是转换方才口中残留的鳗鱼饭口味的好选择。

这栋从甜品、料理到建筑，都充满日式风味的店家，可不能小觑。不少名人都曾经拜访过。比如动画大师宫崎骏，还留下了亲手绘制的图画，挂在店内的墙上，连日本皇太子明仁也曾经亲临过本店。迄今，店内不仅保留了当时皇太子到访的照片，就连驻足之处，也在店内标示了出来。

我想，皇太子也好，庶民百姓也罢，确实身分背景不同，人生也迥异吧。纵使如

嶋屋内部座位区

善哉跟黄豆粉白玉

此，能够在这样静好的小镇里走上一回，走进风情独具的吃茶店里小憩一番，抹茶甜点，那齿间的美味与心底的舒畅，只要你愿意，谁都能公平地拥有。

宫崎骏手绘签名板

🏠 珈琲谈义所嶋屋
add 大分县日田市豆田町10-8
open 10:00～17:00
close 周一
access JR日田站，徒步约15分钟
web http://www.oidehita.com/855.html

NAGASAKI

长崎

长崎县

交通资讯

九州新干线

▶ 行驶路线：
博多→长崎
行驶时间1小时53分钟

▶ 票券购买：
① JR PASS（外国观光客可利用）
详细购买、价格与使用方式，请参考官方网站
http://www.japanrailpass.net/zh/zh001.html

② 长崎市内巴士观光一日券

票券售价　成人票500日元、儿童票250日元

购票地　长崎站内"长崎市综合观光案内所"
　　　　JR九州岛旅行长崎支店
　　　　长崎巴士各营业所等地

长崎印象

"无论在战争里的
立场是哪一方，
因战乱
而无辜死伤别离的民众，
永远都是悲剧。"

你对长崎印象是什么？ 是被海洋环抱的港口、长崎蜂蜜蛋糕、长崎什锦面，还是艺人福山雅治的故乡？ 我的长崎印象除此之外，尚有市区里高高低低的坂坡石阶，叮叮当当的路面电车，和喜欢的小说家吉田修一以他的故乡为背景写下的多部作品。

长崎是我最向往的城市之一。最早对这座城市产生视觉性的好感，来自电影《解夏》的片段。电影故事很悲惨，但取材自长崎坂坡街区的画面很美。后来则是小林纪晴的摄影集《日本之路》，将长崎的路面电车拍得独具风情。之后，才是看了电影《恶人》、《同栖生活》。原著小说家吉田修一，多部作品都是以故乡长崎作为背景，例如《长崎乱乐坂》、《7月24日大道》等。这些作品都不断触发和累积着我对长崎的印象，希望有一天能够踏进这座城市。当然，不用说偶尔会吃到的，令人难以忘怀的福砂屋长崎蜂蜜蛋糕了。

终于在这一天，走进了长崎。

NAGASAKI
01
路面电车

坂道与洋馆的散步

长崎在锁国时代，因为允许和中国与荷兰通商，而受到这两个国家文化的深入影响。畅游这些景点的最佳方式，就是搭乘路面电车跟徒步散步。

长崎路面电车车资很便宜，一趟只要100日元，若购买一日乘车券则是500日元。像原爆和平公园、新地中华街、海滨区、荷兰坡、哥拉巴公园等地都能抵达。长崎市区没有地铁，路面电车就是当地民众最常利用的大众运输工具。

搭乘路面电车，从石桥电停站开始，一路可以经过祈念坂、大浦天主堂、哥拉巴公园、荷兰坂、东山手洋风住宅群和大浦海岸通等地。这一带有很多坂道和洋馆，是往昔外国人的居留地遗留下来的建筑。在石坂坡道中散步，穿梭于这些欧美异国风情的建筑群中，是很舒服的一趟散心之旅。

哥拉巴公园鸟瞰长崎港

哥拉巴公园花丛一隅

散步路线中，途经的哥拉巴公园是推进日本近代化颇有贡献的英国商人哥拉巴过去居住的寓所。哥拉巴在幕府末期，曾暗中帮助了坂本龙马等人。

从哥拉巴园向下瞭望，可鸟瞰长崎港。此外，还有比如日本最初的西洋料理店"自由亭"也保留了当年的洋风建筑。在这群混杂着和、洋、中三种文化的建筑群里，即使不懂历史背景，也能纯粹欣赏建筑之美。

哥拉巴公园
add 长崎县长崎市南山手町8番1号
open 8:00～18:00
access JR长崎站下车后
搭乘路面电车"正觉寺下"（1系统）
至筑町站下车。接着转乘"石桥"（5系统）
至大浦天主堂下站或石桥站下车
web http://www.glover-garden.jp

长崎市电（路面电车）一日券
cost 成人500日元，儿童250日元
web http://www.naga-den.com/kikaku/1day/1day.htm
详细贩卖地点与行驶路线请参照官网
（请注意：市电内不贩卖一日券）

NAGASAKI 02 — 原爆和平公园

日本的广岛和长崎，是世界上唯一被原子弹轰炸过的地方，来到长崎，不能不来这座和平公园。

1945年8月9日早上10点02分，原子弹在长崎爆炸，整座城市顿时陷入高温与热浪。许多人根本来不及反应，眼睛就已经瞎掉，骨肉瞬间融化，许多人尸骨无存，只在遗迹中留下被强光烧印出来的一抹影子。火海之中，长崎成为人间炼狱。

附近流过的小溪，在原爆后曾经堆满了如山丘般的尸体。他们不是被炸死的，而是濒临死亡的边缘，因为喉咙感到极度口渴，却找不到水源解渴，同时耐不住身体灼伤的高温，于是争先恐后挤到这条小溪来。然而，喉咙跟内脏其实已经受到辐射热线的影响，一喝下也受到辐射污染的溪水，立刻暴毙身亡。

原爆殉难者碑

长崎的和平公园矗立着一座原爆殉难者碑。石碑指着天空的位置，正是当年原子弹在上空爆炸的位置。是长崎县出身的雕刻家北村西望的作品。右手指着天空，象征着原子弹在上空爆炸的恐怖。左手长伸，代表和平，而紧闭的双眼则是对原爆牺牲者的默哀祈福。祈愿像的后方，有一间长崎原爆资料馆，当年原子弹爆炸的惨状，尔后受到辐射线的种种影响，许多残酷但真实的史料都收藏于此。

我们都知道二次大战的起始和当年的日本军国主义脱离不了关系。然而，事过境迁以后客观回首，我们也同时明白，所有的战争往往只操控在极少数的人手上，绝大部分的一般民众也只能听天由命。无论在战争里的立场是哪一方，因战乱而无辜死伤别离的民众，永远都是悲剧。

长崎和平公园
原爆殉难者碑

长崎原爆资料馆
add 长崎县长崎市平野町7番8号
open 8:30～17:30（4月～9月、3月）
　　　8:30～18:30（5月～8月）
　　　8:30～20:00（8月7日～9日）
close 12月29日～12月31日
access 路面电车往"赤迫"至浜口町站下车
web http://www.city.nagasaki.lg.jp/peace/japanese/abm/

NAGASAKI 02 ——新地中华街

其他中华街吃不到的料理

搭乘路面电车到筑町站，徒步两分钟就能抵达新地中华街。日本除了横滨中华街，神户、长崎等地也有中华街，并称日本三大中华街。不像横滨中华街形成一个大聚落，长崎新地中华街的规模很小，真的只有一条街而已，不过，来到这里，还是能够吃到别处少见的地道料理。

例如长崎中华街最出名的两个料理，一个是我们熟悉的猪肉割包，另一个则是赫赫有名的长崎什锦面（ちゃんぽん）、乌冬炒面（皿うどん）。中华街里的长崎什锦面和乌冬炒面，其实是长崎各地都能吃到的代表性食物，前者是汤面，后者是干面形式。

长崎什锦面的日文原名是"ちゃんぽん"，发音是Channponn。多念几遍看看，有没有觉得有点熟悉呢？没错，就是闽南语中的"甲饱"，吃饱的意思。据说是当年来长崎留学的闽南学生，为了省钱填饱肚子，将手边现有的食材都混在一起煮面，没想到格外好吃，就这样广为流传起来。

长崎什锦面至少会放进10种以上的食材，以蔬菜为主，海鲜为辅，所以算是蛮健康的料理。有些豪华版的店家，食材甚至会增加到20种以上。汤汁以鸡高汤为主，也有店家加入猪骨汤造出新口味。基本上比较符合中国南方人的口味，毕竟，本来也就是从闽南人发迹的食物。长崎乌冬炒面是用乌冬面的面条做成的炒面，本身没有汤汁，所用的食材和什锦面差不多。吃的时候记得滴入特制的酱料，味道更鲜美。

全于长崎卖的割包，用的肉比较像是我们说的东坡肉，这样一个割包吃下来，不饱也难，所以最好两人分食一个。虽然说割包可能还是中国的好吃，不过，经过日本风味改良的品种，如果抱着体验的心态尝试，倒也还不错。

长崎什锦面　　长崎割包

京华园
add　　长崎县长崎市新地町9-7（路面电车筑町站）
open　11:00～15:30/17:00～20:30
close　不定休
access　市电筑町站
web　　http://www.kyokaen.co.jp　intro.php

九州豪斯登堡

NAGASAKI 04

在伟大的航道上

　　还有什么地方比长崎更适合停泊动漫《航海王》（ONE PIECE，又译《海贼王》）的千阳号呢？这是我走进九州岛豪斯登堡，看见千阳号时最先浮现的念头。在日本锁国时期，长崎是唯一对外开放的贸易港口。接触大量中国和荷兰文化，是改变日本历史的城市，确实推着日本走向了"伟大的航道上"，同时也在日后世界大战的炮火试炼中，为日本翻出一页页的心酸和传奇。

　　豪斯登堡在 2012 年迎接了开园 20 周年纪念。时间过得真快，竟然已经 20 年了。回想起豪斯登堡这个名字，在十几二十年前几乎是

豪斯登堡荷兰风车

园内欧风建筑

航海王千阳号造型船

"日本旅游"的代名词。当时中国自由行的风气还不盛,到日本旅游多跟随旅行团,去东京的行程一定包含迪斯尼乐园,而到九州自然就是豪斯登堡了。

旅行团当中又以稍微年长或家族游客层居多,豪斯登堡在许多人的心目中,就是一个适合全家造访的美丽主题公园。不过,引导我们游园的豪斯登堡工作人员表示,"与其说豪斯登堡是一座主题公园,不如说是一座伟大的造镇"。

造镇以前,原本这里是一片荒地,经过土壤改良并种植起约40万棵树和30万株的花卉,费时近5年才让此地焕然一新。而荷兰语"HUISTENBOSCH"之意,正是"森林之家"。这名字原本是荷兰女王居住的宫殿名字,在获得荷兰王室许可后,便以此名作为公园的名称。152公顷的腹地,成为海内外知名的花卉度假胜地。除了有游乐设施、商店跟餐厅,还有拥有运河码头的饭店,以及别墅住宅区。无论建筑、风车或运河，每一个角落都像置身于荷兰。

　　锁国时期的长崎只开放跟中国、荷兰进行贸易，所以与荷兰的关系自然深厚。豪斯登堡仿造荷兰的街景建造而成，多少也代表一种致意和传承。

　　豪斯登堡的建造年代，恰好是日本泡沫经济的尾声。在泡沫经济高峰时，日本人认为，只要有钱，没什么办不到的，包括这样大手笔的复制一座欧洲城市。但经济泡沫化以后，形势改变，豪斯登堡也受到波及。原来计划还有更大规模的造镇计划，让更多想拥有欧洲别墅的人可以住进这个像是电影摄影棚的城市，后来也都取消了。

　　有一度豪斯登堡陷入低潮，旅游人数连年不振，2003年甚至还宣布破产，直到由H.I.S旅行社接手后，注入许多新鲜经营方式，最近才又恢复生气。例如打造动漫《航海王》的主题公园，建造一艘真正可以登船、出海巡游的千阳号。航海王商场里不仅能

豪斯登堡（HUIS TEN BOSCH）
add　　长崎县佐世保市ハウステンボス町1-1
open　 9:00～22:00（随季节略有变动，请参照官网）
access　长崎→ハウステンボス（豪斯登堡站）
　　　　搭乘长崎本线/大村线·快速"シーサイドライナー"
web　　www.huistenbosch.co.jp

豪斯登堡泰迪熊展示区

航海王限定咖喱饭

航海王限定造型点心

买到各式各样的纪念品，还有一间主题餐厅，料理的概念都取自漫画物件的意象。

另外，豪斯登堡还设计了各种主题展示馆，比如泰迪熊展示馆或电玩主题展示馆，还引进国外的 3D 投影技术，在夜里的白色城堡上，播放不用戴眼镜也能看的立体魔幻城堡演出。又或者在重要节庆如二十周年活动时，施放灿烂的烟火。

长崎土耳其饭 vs 佐世保汉堡

晚餐在豪斯登堡里的餐厅吃饭，选的是长崎洋食名物"土耳其饭"。有趣的是，土耳其饭其实并非真的是土耳其料理，而是和制洋食。至于为什么要叫土耳其饭？众说纷纭，没有一个说法有根据或被证实。总之从上世纪 50 年代在长崎出现后，历史已经不可考。唯一确定的是，所谓的土耳其饭，内容一定有炸猪排、炒饭跟意大利面。

长崎的另一名物是佐世保汉堡。特色是什么呢？当年刚出来的时候，以"大"闻名。至于食材嘛，嗯，好吃是好吃，但老实说就是一般的汉堡。当然，现在比它巨大的汉堡更多了。纵使如此，仍不改汉堡本身的美味。

佐世保汉堡　　　长崎土耳其饭

SAGA
佐贺

佐贺县

交通资讯

● **九州新干线**

▶ 行驶路线：
博多→长崎　行驶时间37分钟

● **樱岛→渡轮**

▶ 票券购买：
① JR PASS（外国观光客可利用）

详细购买、价格与使用方式，请参考官方网站
http://www.japanrailpass.net/zh/zh001.html

② 佐贺全线巴士一日乘车券

票券售价　成人票1,000日元、儿童票500日元
购票地点　佐贺站巴士中心或车内直接购买

佐贺，
不只有超级阿嬷

"仿佛街道里流动的百年光阴，
都要跟着我暂停下来礼让她们。
毕竟，是累积了青春而
成为佐贺的阿嬷呢，
步行，当然优先。"

"佐贺的超级阿嬷"恐怕是每个人一听到佐贺时,忍不住从嘴里冒出来的自然反应。佐贺原来到底有什么,老实说原本不太清楚,只有超级阿嬷留下的深刻印象。这次来到九州,当然也不能错过佐贺,一探究竟。首先拜访的是佐贺鹿岛市的"肥前滨宿",一个以保留历史传统建造屋群而闻名的景点,也是酿酒业发达的知名酒镇。

✿ **肥前滨宿**
鹿岛市肥前官网
http://kashima-kankou.com/SPhamachiku.htm

肥前滨宿散步地图
http://www.city.kashima.saga.jp/kankou/hamasyukumachinamiannaizu.pdf

SAGA 01 — 肥前滨宿

时光礼让的酒祭

从福冈博多车站搭乘JR长崎本线（特急）33分钟就可抵达佐贺，再从佐贺站继续搭乘同班车，约20分钟可抵达肥前鹿岛。如果从长崎搭反方向的同班电车，56分钟可抵达。来肥前滨宿的这一天，恰逢镇上的观光酒祭，几乎所有的酿酒工厂都联名举办活动，许多平常不开放的酒厂也在这一天开放参观。

肥前滨宿之所以酿酒成名，是因为此地的多良岳山系流过的优良水质，以及质量优良的佐贺平野米，从江户时代起就以造酒闻名。当年的造酒厂，以及许多从江户时代后期到昭和初期的建筑，如今仍保存了下来，主要有两个历史遗产区域被日本政府选定为"重要传统建造物保存地区"：一是"港町：在乡町"，另一个是有"酒藏通"昵称的"酿造町"。前者靠近有明海河港区域，当年此地聚集了手工职人和商人，因此保存了他们居住或开店的传统建筑；后者以造酒工厂、白壁土藏的酒藏为主，现在仍在造酒。

难得的酒祭，在传统的老街里举办着各种品酒和游乐活动，平日宁静的小镇，变得好不热闹。几个穿着浴衣的年轻男女从眼前晃过，一晃眼，视线里又是佐贺的阿嬷。

阿嬷们爽朗的笑声，仿佛比蓝天还要灿烂。纵使时间不会被美酒灌醉，但此刻，仿佛街道里流动的百年光阴，都要跟着我暂停下来礼让她们。毕竟，是累积了青春而成为佐贺的阿嬷呢，步行，当然优先。

SAGA 02 — 祐德稻荷神社

日本三大稻荷神社之一

离开肥前滨宿，途中经过一座建筑构造相当特殊的神社，名为祐德稻荷神社。神社的建筑架构有点像京都的清水寺，殿宇架在山坡上，基地则以交错的木条拴构而成。不过，神社建筑的用色，则与清水寺大相径庭。猛一看，不像是日本的神社，反而更接近中国的庙宇。或许是因为靠近长崎，早年受到中国文化的影响吧。

祐德稻荷神社最早建于1687年，供奉的是稻荷大神的分灵，是人间的衣食住之守护神。别小看这间神社藏在如此偏僻之地，事实上，这里可是日本三大稻荷神社之一。特别保佑生意兴隆、家运繁荣和交通安全，每年的参拜者超过300万人！

我在神社里发现这里的绘马很特别，绘马上的"厄"字被挖空了，代表"除厄"的意思。另外，神社里还卖一种神马的御守，上面写着"うまくいく守"。整句话是万事如意之意，恰好"うま"跟日文里"马"的发音相同，所以玩了一个双关语的游戏。

【三大稻荷神社】
稻荷神社总本社是京都的伏见稻荷大社，一般来说与佐贺祐德稻荷神社及茨城笠间稻荷神社并称三大稻荷神社。但实际上所谓"三大稻荷"并无官方说法，也有其他神社入选的版本。

祐德稻荷神社入口处的鸟居

🔴 **祐德稻荷神社**
add　佐贺县鹿岛市古枝
open　自由参拜
access　JR肥前鹿岛站搭乘出租车约10分钟
web　http://www.yutokusan.jp/

うまくいく：万事如意

字体挖空象征"除厄"的绘马

SAGA 03 呼子港

直击《恶人》拍摄场景乌贼本家

决定九州的行程之际，脑海中就浮现出妻夫木聪和深津绘里主演、改编自吉田修一小说的电影《恶人》。因为这个故事的背景也设定在九州。其中一幕印象颇为深刻的场景，是妻夫木聪跟深津绘里逃亡时，在一间海鲜餐厅里，妻夫木聪告白他犯下罪行的地方。这间餐厅位于佐贺的呼子港，很幸运这次有机会拜访，当然说什么也要排除万难来朝圣一下啦！

有日本三大"朝市"的呼子港距离唐津市约20分钟车程，紧邻玄界滩，坐拥宽阔的海港，是一座宁静淳朴的海港小镇。原本就因为早上热闹的海鲜市场，以及能吃到美味海鲜而闻名的呼子港，这两年因电影《恶人》的拍摄地而更加广为人知。

呼子朝市除了元旦假期，每天早上7点半开始营业，到中午12点为止。市场的规模并不大，主要只有一条街，但沿路卖的应季新鲜海鲜、干物和相关产品种类繁多，绝对令海鲜爱好者兴奋指数爆表，舍不得离开。

喜欢吃生海胆吗？在这里可以享用到价格便宜、保证新鲜的生海胆，而且是由老板娘亲自为你服务。我本人是敬谢不敏，但身边爱吃生海胆的日本人都大快朵颐，开心得不得了。

朝市里叫卖的老板们各个朝气十足，就算是上了年纪的欧巴桑的音量，恐怕都能压过不少年轻人。停下脚步，看看热情的她们推荐的好东西吧，都说日本不能杀价，但在这里，你不开口，老板娘都会自动为你降价。

散步在晴朗的朝市里，感受海港小镇流转的热闹气氛，绝对是不同于东京繁华都市的日本印象。

乌贼本家（イカ本家）
add　佐贺县唐津市呼子町呼子3086-2
open　11:00～18:00（周一至周五）
　　　10:00～19:00（周末例行假日）
close　不定休
access　JR唐津站搭乘巴士至呼子港，约30分钟
web　http://www.ikahonke.jp/

活乌贼切片拼盘

　　电影《恶人》中一幕场景，在呼子港这间名为"乌贼本家"的餐厅拍摄。如今餐厅外大门口就立着醒目的招牌标示着，店里也张贴着纪念海报。

　　"乌贼本家"的招牌菜当然是乌贼了。以乌贼为食材做各种料理，是能够想见的。但最自豪的一道菜，是生吃乌贼。请注意，不是吃生乌贼，而是生吃乌贼！是的，生吃活乌贼。

　　一盘乌贼生鱼片上桌，身体的部分已经被剖开切成细条状的生鱼片，但头跟触脚部分还是活的！会在你面前动来动去！看到这个场面，我自然再度敬谢不敏，但随行的日本朋友则跃跃欲试。看他们把乌贼头上的触脚夹到小盘子里，然后滴上酱油时，原本就在蠕动的脚，顿时因为盐分整个缩起来，我的心也跟着缩了一下。接着，就是把活乌贼送进嘴里了。

　　"感觉如何？"我问吃下去的同伴。"该怎么说呢？"他想了一会儿，露出诡异的表情说："吞下去时，你可以感觉到吸盘的存在。"呃，光是想想就很恐怖了。吃生鱼片我还可以理解，但吃活乌贼的意义，我想我还需要时间来思索一下。

　　看着桌上的乌贼，想来如此生猛的餐厅，配合着《恶人》故事里主角在此自白着杀人的片段，倒也有几分死生拔河的对应了。

乌贼本家店外张贴的《恶人》电影海报

乌贼本家靠海座位区

SAGA 04 — 唐津市

曳山展示场

呼子港位于佐贺县的唐津市。"唐"是对古代中国的通称，而"津"则是日文里港口之意。顾名思义，这地方就是古时日本对唐代中国贸易往来的渡口，号称是从日本出发到中国大陆距离最短的海上路线。从福冈机场出发，搭乘JR筑肥线·福冈市营地下铁，最快69分钟可抵达唐津站。如果从佐贺站或博多站出发搭乘电车，差不多1小时都可以抵达。

唐津市有不少文化遗迹值得参观。这次停留唐津市的时间不多，所以只能选择参访一处名为"曳山展示场"的地方。唐津秋季举办"唐津大祭"时，会有游行的坐轿出巡。这些坐轿在祭典时节之外，就存放在"曳山展示场"供人参观。每一个坐轿都雕饰得美轮美奂，都是豪华的艺术品，同时都有着文化背景与故事典故，例如有浦岛太郎或各种吉祥动物作为象征。若恰好在秋天旅游，赶上了唐津大祭，想必能见证一场精彩的大典。

曳山展示场的大型坐轿

❀ 曳山展示场
add　唐津市西城内6-33
open　9:00～17:00
close　11月3日、4日、12月第一个星期二、星期三，12月29～31日
access　JR唐津站
web　http://www.karatsu-bunka.or.jp/hikiyama.html

SAGA 05 — 嬉野温泉

美肌之汤

岛根县的"斐乃上温泉"、栃木县的"喜连川温泉"与佐贺县的"嬉野温泉",号称日本"三大美肌汤",顾名思义就是水质好到一泡就能让你变成美人肌肤的温泉。

来到佐贺嬉野温泉这一晚,投宿的是和多屋别庄。还没泡汤,首先吸引我目光的是饭店大厅的商店。白色布幔在日光中拉出一个空间,名为"福结",贩卖的是当地手工职人制作的和风纪念品。从香袋、布袋、手机吊饰等生活杂货,每样东西的材质和配色都十分和风。

嬉野温泉的晚餐相当精致而丰盛,在享受餐点之际,我也明白这里除了温泉本身优质,还有一项名产,就是温泉汤豆腐。因为水好,做出来的豆腐也特别美味,豆腐绵密,豆子的香味亦彻底渗入。汤豆腐煮烂后,豆腐化成液状,喝起来就是浓密可口的豆浆了。

❀ **嬉野温泉和多屋别庄**
add 佐贺县嬉野市嬉野町下宿乙738
access JR佐贺站→(JR特急)JR雄武温泉站→(JR巴士)和多屋
web http://www.wataya.co.jp/index.html

和多屋别庄饭店大厅商店

和多屋别庄客房局部

FUKUOKA
福冈

福冈县

交通资讯

新干线

▶ 行驶路线：
新大阪→博多（福冈）
行驶时间 2小时29分

▶ 票券购买：
① JR PASS（外国观光客可利用）
详细购买、价格与使用方式，请参考官方网站
http://www.japanrailpass.net/zh/zh001.html
② 福冈市地下铁一日乘车券 600日元
② 福冈都心巴士一日乘车券 600日元

博多湾之风

"学无止境，
无论你是否还是学生，
都来天满宫拜一拜吧！
教科书以外，
人生里要学习的东西
实在太多了！"

福冈古称博多，如今仍是对福冈的爱称。在我的印象与经验之中，出身博多的日本人比起其他地方的日本人，更愿意接受外来文化，也特别容易跟外国人打成一片。或许是纬度低，天气比日本北方热，让这里的人性格也变得热情一点；也或许是靠近中国，自古以来文化就较为亲近。

在东京经常接触到福冈人的我，吃着从福冈来的拉面，这一回终于踏上本土，感受文化多元的博多湾之风。

能古岛公园地图
http://www.nokonoshima.com/pam/ch-1.pdf

能古岛网站
http://nokonoshima.com/

FUKUOKA
01

能古岛

福冈的观光穴场

很多人都认为去福冈只能购物，其实福冈有不少日本人所谓的"穴场"值得一探。日文汉字"穴场"指的是隐藏的好地方，也就是我们所谓的秘密基地。在距离福冈，仅10分钟渡船时间的博多湾上，浮着一块名为"能古岛"的地方，就是被福冈人认作观光穴场的好去处。

能古岛圆周仅有12公里，人口只有800人，半农半渔的居民生活，为对岸繁忙的福冈都市，提供了一处有如世外桃源的秘境。外国观光客来福冈或许很容易忽略掉能古岛，但这里其实是福冈市民全家大小平常也会来踏青的地方。从"姪浜能古渡船场"出发，搭乘渡船10分钟就可抵达能古岛的"能古渡船场"。岛内交通以西铁巴士为主，能古渡船场前就有站牌，循环的巴士观光路线，一小时一班。

能古岛以能古岛公园为主要观光景点。这个占地广大的公园，在不同的季节开出的花，将这座博多湾上的小岛，装饰得风情独具。冬天以水仙为主，春天是油菜花跟樱花，秋天则是大波斯菊。能古岛公园除了赏花，还提供不少室外休闲运动的场地，甚至还能在此烤肉与住宿。对于一群朋友或家庭出游来说，确实是个休闲胜地。

灿烂青空与湛蓝海水的陪伴之中，微凉的风拂过脸庞。在广阔的草坪上，跟朋友或家人打一场羽毛球或排球，心旷神怡的真谛，了然于心。

能古岛公园盛开群花

FUKUOKA
02

太宰府参道

隈研吾设计的星巴克

STARBUCKS COFFEE

最近太宰府突然出现了一个新景点，是我们熟悉的星巴克。由日本知名建筑师隈研吾操刀设计、位于福冈县太宰府市太宰府天满宫的星巴克表参道店，2011 年 12 月 16 日正式开幕。“自然素材为本，传统与现代的融合”是本店的中心思想。这间店的内装，采用了近两千根木材交错组合，并展现从内向外延伸的穿透感。

每个县市都有着与东京不同的天然资源，造就出九州岛人跟本州岛人不同的热情性格。九州，理应再多花一点时间，深深了解。

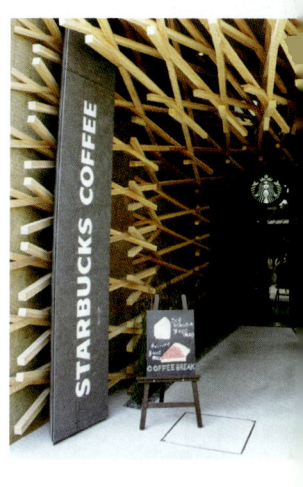

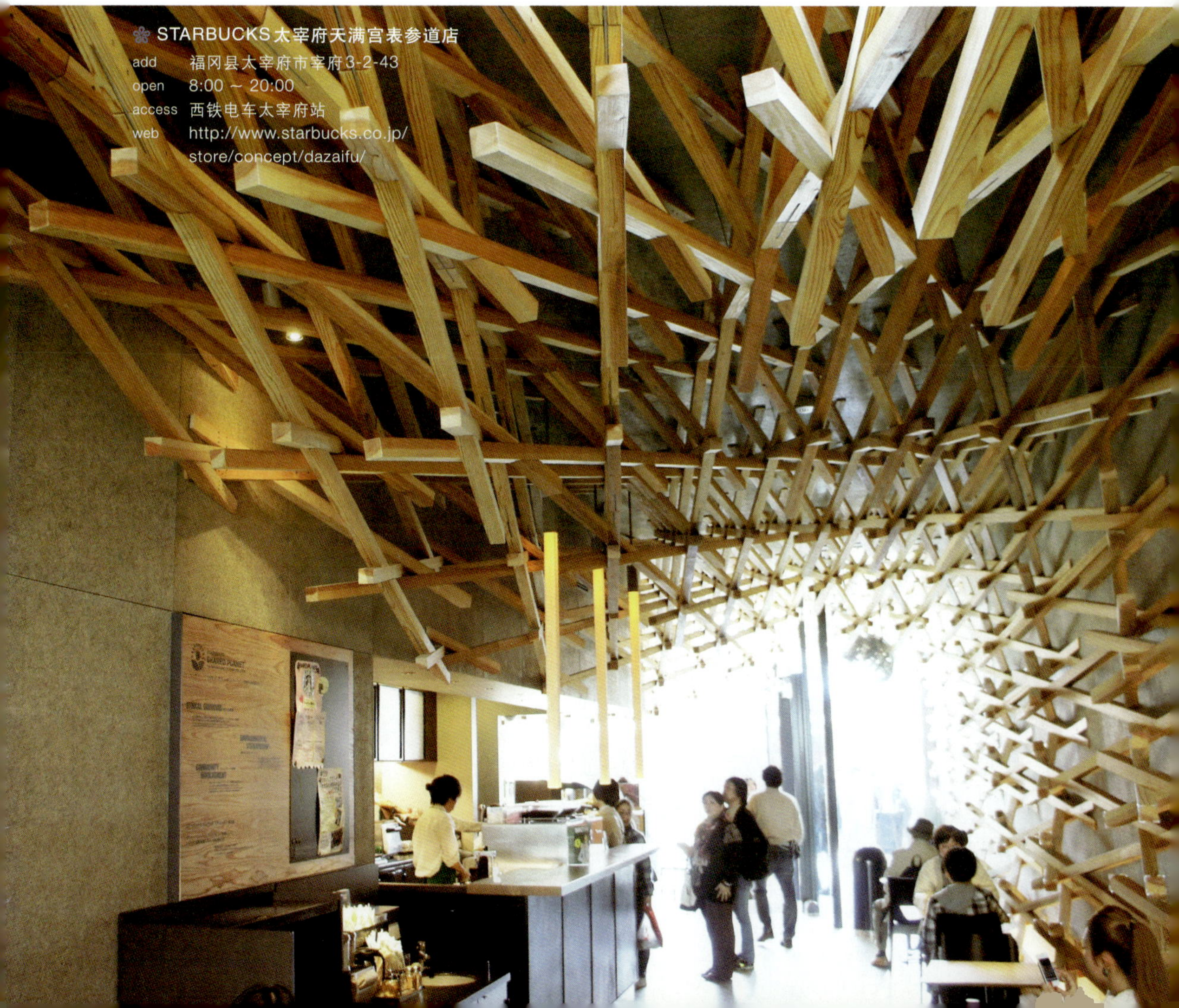
STARBUCKS太宰府天满宫表参道店
add 福冈县太宰府市宰府3-2-43
open 8:00 ~ 20:00
access 西铁电车太宰府站
web http://www.starbucks.co.jp/store/concept/dazaifu/

FUKUOKA 03 — 太宰府天满宫

太宰府天满宫的绘马

学问之神的梅花园

太宰府天满宫可以说是日本求考试顺利、祭祀学问之神的"天满宫"的总本宫。天满宫祭祀的学问之神菅原道真钟爱梅花,所以各地的天满宫都会种植梅花。

其实,话说日本最初的赏花,看的不是樱花,而是梅花。《万叶集》当中写的多是咏叹梅花的文字,赞赏樱花只有几首而已。所以在很久很久以前,梅花比樱花更受日本人重视。

学无止境,无论你是否还是学生,都来天满宫拜一拜吧!教科书以外,人生里要学习的东西实在太多了,既然有神可以加持,何乐而不为呢?拜完以后,记得到参道上买个名产"梅枝饼"来吃吃吧。刚刚烤出来的红豆饼,让午后萎靡的精神大振,或许对学习效率也有帮助呢。

太宰府天满宫

名产梅枝饼

❀ **太宰府天满宫**
add 福冈县太宰府市宰府4-7-1
open 6:00 ~ 20:00
　　　(9月1日~5月31日为19:00)
access 西铁电车太宰府站
web http://www.dazaifutenmangu.or.jp

门司港车站

FUKUOKA 04

海港风情，与百年前的复古相遇

到福冈必游的两个景点，是门司港和太宰府天满宫。门司港从车站建筑开始，就散发着怀旧的气息，同时弥漫着悠闲的海港风情；太宰府天满宫则流露着日本神社里一贯的传统和风，求学问保平安之余，还能享受参道上的地方美食。

从博多站搭乘电车约一个半小时，可抵达北九州岛的门司港。JR门司港站是一栋文艺复兴时期建筑风格的文化遗产，建于1914年，时值日本大正时代，故多被形容为大正风情的怀旧建筑。木造两层楼，保存了许多当时珍贵的建筑物。

其实从月台上一下车，就能感受到这股古老的气息。车站月台维持着当年木造的屋顶，而车站内的厕所更是怀旧，从木头、磨石子地到白瓷砖的洗手台，光阴的故事都在这些静静的建材中，透露着许多秘密。而站长室、售票台和休息室也保留了当年的模样，仿佛像是走进电影布景之中。我想起小时候的台北车站，其实也是日本人留下来的欧风建筑。为什么当时不选择在保存的原则下，去改建成新的车站呢？若留存下来，善加维护，应该也是一处美丽的台北风景。

门司港车站

旧门司税关

门司港是一处悠闲散步的好地方。除了门司港车站，其他值得参观的几个景点，分别是旧门司税关、九州铁道纪念馆，以及旧门司三井俱乐部。

这几个地方，大多是利用过去的建筑，老屋新生成迥异的多样空间。例如旧门司税关是1912年的建筑，外观与建材类似于横滨的赤炼瓦（红砖）相同，这样风格的建筑不知怎的，就是觉得跟日本的海港很契合。建筑本身走的是欧风，但屋顶又是和风，文化混合之感颇有风味。内部还设有咖啡馆，可以小憩一番。

旧门司三井俱乐部

旧门司三井俱乐部过去是三井物产门司港分店，用来接待外宾的社交场合。这栋充满复古风味的建筑，从门到窗棂，到天花板的各种装饰，都透露着大正时代和洋交错的气氛。

而在旧门司三井俱乐部里最重要的是来此地享用门司港的名物：门司港局烤咖喱（焼きカレー）。其实整个门司港都能吃到焗烤咖喱，只是若选在这里吃，感觉气氛特别好。焗烤咖喱套餐是1470日元，最特别的是里面还添加了香蕉片一起烤，咖喱香味配上香蕉甜味，出乎意料的相得益彰。最后，连甜点果冻里也有香蕉。

原来，门司港曾是专门进口香蕉的日本港口，所以香蕉也成为门司港的象征性水果。跟香蕉同名的艺人"Banana Man"还在这里立有塑像呢。

幸运的手水钵

旧门司税关内部屋顶

铁道纪念馆的列车展示

九州铁道纪念馆

九州铁道纪念馆是以九州铁路历史发展为主题的展示馆。在这里不仅能一览九州铁路的进展，踏进当年的列车车厢感受历史气氛，还设有车辆展示场，将各种珍贵的火车头搬进公园展示。喜欢火车的铁道迷，自然不能错过。

❀ 门司港车站
add　福冈县北九州市门司区西海岸1-5-31
web　http://www.mojiko.info/3kanko/spot_eki.html

❀ 旧门司三井俱乐部
add　福冈县北九州市门司区港町7-1
open　9:00～17:00
access　JR门司港站
web　http://www.mojiko.info/3kanko/spot_mitui.html

❀ 九州铁道纪念馆
add　福冈县门司区清泷2-3-29
open　9:00～17:00
close　每月第二个星期三（8月除外）、第二个周三和周四
access　JR门司港站
web　http://www.k-rhm.jp

添加香蕉的门司港焗烤咖喱

离岛

OKINAWA
冲绳

冲绳县

交通资讯

那霸市内搭乘单轨电车"ゆいレール"
路线图 http://www.yui-rail.co.jp/guide/

▶**行驶路线：**
从那霸前往本岛北部或西海岸，如果不租车，必须搭乘路线巴士移动。

详细搭乘方式与对外联络路线图，可下载：
http://www.visitokinawa.jp/tc/wp-content/uploads/2011/10/busmap_all.pdf

▶**票券购买：**
捷运"ゆいレール"

一日乘车券：成人600日元，儿童300日元
两日乘车券：成人1000日元，儿童500日元

用冲绳美味封缄记忆

"冲绳是用阳光、
海滩跟美食去记忆的。"

冲绳，由宫古诸岛、八重山诸岛等岛屿组成，拥有独特的自然环境，是著名的度假胜地。冲绳气候温暖宜人，人们善于养生，工作到八九十岁的老人比比皆是。

在冲绳，除了自然美景，感受当地人的生活也别有一番乐趣。

OKINAWA 01 — 美丽海水族馆

夏日冲绳

　　冲绳本岛北部，有座出名的"美丽海水族馆"，展示的鱼类以黑潮冲绳海里的生物为主。参观动线从三楼开始，由珊瑚礁之旅拉开序幕。除了观看，还可以亲手触摸。像石头一样的珊瑚，很难想象其实是活生生的生物。最吸引人的还是位于二楼到一楼的黑潮世界与深海之旅。号称世界上最大的鲸鲨水槽中，饲养着巨大的鲨鱼；深海水槽里则收集着各种奇形怪状、神秘的海底生物。除了水族馆本馆，室外的海洋博公园内分布着几个景点。最具人气的当属聪明绝顶的海豚秀。烈日当空，海豚、表演人员跟游客肯定都热得不行，但笑声与掌声令人忘却了溽热烦闷。

水族馆内的海景咖啡座

馆内海星触摸区

美丽海水族馆远眺冲绳海域

　　水族馆内的巨大水槽边设置了咖啡座，可以挑个紧邻水槽的位子用餐，以大海深蓝的奥妙视野佐餐，是多么奢侈的风景啊。水族馆四楼另有餐厅，在这里可以眺望到不远的大洋风情。特别推荐在中午时段来这间午餐吃到饱的自助餐餐厅"Ino"，不只风景好，而且只要1260日元，就可以吃到以各种冲绳食材料理而成的餐点，相当划算。

　　离开水族馆前，当然要逛一逛纪念品店。水槽里各种鱼类，在商店里都被做成了可爱造型的玩偶跟相关商品。水族馆的鱼带不走，就选个玩偶做纪念吧。在热到快令人融化的夏日冲绳，看见了，就会想起深深大海的沁凉。

🔴 **冲绳美丽海水族馆**
（冲绳美ら海水族馆）

- add　冲绳县国头郡本部町宇石川424
- open　8:30～20:00（3月～9月）
  　　　18:30（10月～2月）
- close　12月第一个星期三与隔日
- access　那霸巴士转运站
  　　　搭乘高速巴士111号
  　　　→名护巴士转运站
  　　　→路线巴士（65、66、70号）
  　　　→纪念公园前站下车
- web　http://oki-churaumi.jp/mm/

美丽海水族馆的玩偶纪念品

BIOS之丘（ビオスの丘）
add　冲绳县うるま市石川嘉手苅961-30
open　9:00～18:00
access　那霸巴士转运站
　　　　名护巴士转运站
　　　　→"石川インター"下车，转搭出租车上山
web　http://www.bios-hill.co.jp/

OKINAWA
02

BIOS之丘

避暑品味冲绳美食

　　冲绳西海岸以读谷村、宇流麻市和恩纳村为主，聚集了许多大型度假村饭店与美丽沙滩。在这些度假村饭店周围，有很多美味可口的人气餐饮店、丰富的天然景观、世界遗产。

　　有个地方叫作"BIOS之丘"，是当地出名的亚热带植物园，以种植亚热带种类繁盛的植物闻名，就像是一座小森林，在这里可以看见很多特别的水果或植物。对生活在温带的日本人来说，冲绳的植物截然不同，因此这里特别受日本人的欢迎。

　　除了植物园，在BIOS之丘里我最爱的行程是搭乘湖水观览船，在森林夹道约1公里的河水中体验丛林。观览船上配有解说员，生动幽

冲绳料理塔可饭

冲绳料理荞麦面

双人乘坐独木舟出航

游客乘坐湖水观览船

　　默的口吻，让植物仿佛也像拿了剧本一样，更加鲜艳了起来。当然你也可以租赁独木舟，亲手划船享受悠闲时光。不过，天气那么热，搭船还有棚子遮阳，划独木舟得直接用脑袋迎接烈日，我想，那不是适合我的活动。下决心要跟太阳一较高下的，欢迎试试！

　　BIOS之丘里的OMORO茶屋（おもろ茶屋）是避暑、吃午餐或下午茶的首选之地。店内都是地道的冲绳料理，比如塔可饭、冲绳荞麦面或冲绳独特的猪肉饭等，都是极适合下饭的餐点。吃完饭，不如来支冰淇淋吧！沁凉的冰品润喉下肚，即使知道不是什么健康食物，但吃了就是感到爽快。生活嘛，偶尔就应该这样。

OKINAWA 03
琉球村

体验琉球王朝的风情

从名护巴士转运站搭乘 111 号巴士到世富庆（往那霸方向）以后，在原地等候另外一条路线 120 号巴士（往那霸方向），在 RENAISSANCE HOTEL 下车。总计 1 小时车程。将行李寄放在酒店前台后，就往琉球村方向出发。琉球村靠近 REENAISSANCE HOTEL，同样是搭乘往那霸方向的路线 120 号巴士，约 20 分钟即可抵达。

琉球村是感受琉球王朝气氛的文化园地。许多超过 150 年以上的琉球古民宅，原封不动搬迁到这里展示，重现当年琉球王朝的风情。其中有 5 户民宅与两栋建筑，登记在日本国有有形文化财产之下。

琉球村以"体验"冲绳文化为诉求，所以，这里安排了当地人带领观光客一起进行各种传统工艺的手工体验。比如制作"琉球烧"玻璃、穿着琉球风格的衣装和体验制糖流程。不过这些体验课程需另外付费。

各种体验，寓教于乐。只是，有趣归有趣，最终仍逃不开一个字：热。在琉球村里的天气好得不像话，拍出来的照片从蓝天到花草，每张照片的颜色都好鲜艳。其实，造就这样美景，就是热到令人发晕的天气。

走在太阳底下，真的要小心中暑。然而，比起游客，我更关心（多少带着不可思议）的反而是在那里工作的冲绳人。每个人都汗流浃背，甚至还要穿着传统服饰坐在庭园里弹三线琴，真的很辛苦。或许已经习惯了，但也不是享受吧。总之为了工作，有苦衷也只能吞在音乐里，苦中作乐了。

● 琉球村
add　冲绳县国头郡
　　　恩纳村字山田 1130
open　8:30 ～ 17:30（冬季）
　　　9:00 ～ 18:00（夏季）
access　那霸巴士转运站
　　　→往"名护"方向的冲绳
　　　巴士琉球村前
web　http://www.ryukyumura.co.jp/

OKINAWA 04
冲绳西海岸

Coco Garden Resort 饭店附设游泳池

度假村圣地

冲绳西海岸是度假圣地，这里的白沙滩最适合进行水上活动，所以这一带也聚集着相当多的休闲饭店。所谓休闲饭店，当然就得有轻松的感觉啦！饭店走出来就是沙滩，这是最理想的。如果没有，至少也该有座美丽的游泳池。

这次到访冲绳西海岸，挑选了一间名为 Coco Garden Resort 的酒店。环境不错，虽然有点偏远，但更显幽静。饭店在绿意盎然的树林里，令人忘记冲绳夏日的炎热。酒店设有图书馆，当然，摆的都是日文书。看不懂没关系，度假村逛累了，来这里休息吹吹空调。另提供可以上网的电脑。

Coco Garden Resort 是另一间饭店 Renaissance Resort 的姊妹店。抵达 Coco Garden Resort 时，必须先在 Renaissance Resort 转搭接驳车，这是唯一的公共交通方式。Renaissance Resort 可以直接从机场搭机场巴士抵达。饭店有接驳车时刻表，先查时间表的话，进出也还算方便。另外，虽然 Coco Garden Resort 只有游泳池，没有沙滩海水浴场，但可以免费使用 Renaissance Resort 的海水浴场。

◉ Coco Garden Resort
add　冲绳县うるま圭市石川伊波501
access　那霸机场→Renaissance Resort→接驳车→Coco Garden Resort
web　http://www.cocogarden.com

饭店内的图书馆

饭店天井望向湛蓝天空

OKINAWA
05

美食飘香首里城

首里城是当年琉球王朝留下来的遗迹。不过，当年大部分的建筑在二战时毁于战火，现在看到的首里城建筑，多是后来复原重建的。

首里城的正殿，堪称是冲绳境内最大的木造建筑，建筑本身的设计也受中国影响很深。因此，走进首里城内部参观时，很像是来到中国的某一栋皇朝古迹。虽然建筑确实很美，不过多是在1992年重建的，逛的时候不免常有一股"这其实不算是古迹"的谜之音窜上心头。如果撇开历史真迹的问题，抱着"想象"当年风采的想法，倒也能获得几分趣味。

琉球茶房

通往首里城的路上，巷弄里隐藏着许多冲绳美食。比如这间琉球茶

首里城正殿

房 Ashibiuna 就是极具当地风采，专售琉球乡土料理的餐馆。从冲绳荞麦面、冲绳猪肉饭到冲绳泡盛美酒，这里的餐点都烹调得相当精致。当然，冲绳的名产苦瓜也有多种料理方式。我特别喜欢一道将原本只是加在汤里的面麸，用豆芽跟碎蛋炒成的蛋麸热炒，是只有在冲绳当地才吃得到的料理方式。热炒的面麸，吃起来像是柔软的油豆腐皮，清淡的口感恰恰适合溽热的夏日，让人胃口大开。餐厅分成两大视觉空间，一是室内木造的和式风格，另外则是室外绿荫盎然的庭园，无论坐在哪里用餐，都是享受。

　　首里城原来不只有历史文化，美食藏在城里的小巷中，记得有机会来玩时，不要赶着去下一个景点，好好发掘首里城中的秘密吧。

琉球茶房（あしびうなぁ）
add　冲绳县那霸市首里当藏町2-13
open　11:30～24:00
close　不定休
access　捷运首里站，徒步15分钟
web　http://www.ryojifamily.co.jp/ryukyusabo.html

冲绳料理蛋麸热炒

冲绳荞麦面

传统冲绳筷子造型

琉球茶房木造和式包厢

OKINAWA
06

冲绳的厨房，第一牧志公设市场

体验市井小民家庭味

倘若不想离开那霸市区，而要体验市井小民家庭味的冲绳料理，那么国际通上中段的"第一牧志公设市场"（以下简称牧志市场）应该是最好的选择了。

有"冲绳的厨房"美誉的牧志市场，一楼是专卖蔬果鱼肉的传统市场，各式各样丰富的食材都能在这里寻获。有些生鲜产品不方便带回去，可以选购一些经过处理的名产或佐料。比如冲绳代表性美食塔可饭的酱料，在这里同样的品牌，比在那霸机场买便宜一些。

在一楼购买的生鲜鱼肉，有些店家提供顾客到二楼的餐厅区，由指定的店家现场料理的服务。费用是食材费，加上每人500日元的烹饪费。

牧志市场的二楼是由8家的食堂构成的餐厅区。每一家有类似的料理，但也有各自的特色。因为想再次品尝塔可饭跟冲绳荞麦面，选择了"道顿堀"这家食堂。店名虽然用的是大阪观光地，卖的仍是地道冲绳料理。这里的冲绳荞麦面口味特别清淡，在炎热的天气中显得十分对味。

🍜 **第一牧志公设市场**
add　冲绳县那霸市松尾2-10-1
open　10:00 ~ 22:00（各店家营业时间不同）
access　牧志站，徒步前往国际通至中央市场通内
web　http://www.kousetsu-ichiba.com

"道顿堀"的冲绳荞麦面

第一牧志公设市场肉铺

波照间
- add 冲绳县那霸市牧志1-2-30
- open 11:00 ～ 24:00
- access 牧志站，徒步前往国际通
- web http://hateruma.jcc-okinawa.net

琉球甘味琉宫
- add 冲绳县那霸市松尾2-10-1
  第一牧志公设市场2楼
- open 10:00 ～ 19:00
- close 周四，每月第四个周日
- access 牧志站
  徒步前往国际通至中央市场通内
- web http://kanmiryuugu.web.fc2.com

OKINAWA 07
波照间及琉球甘味琉宫

冲绳黑糖刨冰（左）；裹着绿色海苔和面衣酥炸的鱼肉（右）

海苔鱼肉咸香酥软，黑糖刨冰划下句点

离开牧志市场，夜里热闹非凡，带有南国风情的国际通上，也有不少风情独具的冲绳餐厅可供选择。如"波照间冲绳料理"一楼是普通的餐馆，上了二楼则有民族歌艺演出。在这里，我吃到一种裹着绿色海苔和面衣炸的鱼肉，蘸着冲绳海盐一道入口，外酥内软，盐味带出海苔味，又引出鱼肉的香气，是难忘的滋味。

冲绳是用阳光、海滩跟美食去记忆的。在冲绳之旅落幕之前，当然还是要以"吃"来结尾！来冲绳不吃冰怎么可以？最后就走进冲绳著名的连锁冰品店"琉球甘味琉宫"来一盘"高人一等"的黑糖刨冰吧！水感十足，入口即化，感觉充满空气感的刨冰，淋上冲绳黑糖水，再热也沁凉了起来。这个夏天，就这样冰冰凉凉的，封缄在记忆深处吧。

图书在版编目(CIP)数据

日本一日远方 / 张维中著. —海口:南海出版公司, 2015.2
ISBN 978-7-5442-7492-0

Ⅰ.①日… Ⅱ.①张… Ⅲ.①旅游指南-日本 Ⅳ.①K931.39

中国版本图书馆CIP数据核字(2014)第251000号

著作权合同登记号　图字:30-2014-087

日本·一日远方:过一日在地人生, 32个隐藏版日本轻旅行 © 2013张维中
中文简体字版 © 2015 新经典文化股份有限公司
由大雁文化事业股份有限公司 原点出版 独家授权出版

日本一日远方
张维中　著

出　　版	南海出版公司　　(0898)66568511	
	海口市海秀中路51号星华大厦五楼　　邮编 570206	
发　　行	新经典发行有限公司	
	电话(010)68423599　　邮箱 editor@readinglife.com	
经　　销	新华书店	
责任编辑	崔莲花	
特邀编辑	余雯婧	
装帧设计	段　然	
内文制作	博远文化	
印　　刷	北京顺诚彩色印刷有限公司	
开　　本	710毫米×1000毫米　1/16	
印　　张	16.5	
字　　数	220千	
版　　次	2015年2月第1版	
	2015年2月第1次印刷	
书　　号	ISBN 978-7-5442-7492-0	
定　　价	49.00元	

版权所有, 未经书面许可, 不得转载、复制、翻印, 违者必究。